KB066510

스물여덟 자로 만든 세상,

훈민정음 해례본 이야기

청소년교양 15

스물여덟 자로 만든 세상,

훈민정음 해례본 이야기

이진명(간송미술문화재단) 글

주니어김영사

훈민정음,
새로운 세상을 열다

만약 우리에게 우리말과 글이 없어서 중국어나 일본어, 영어 같은 외국어로 말하고 생각한다면 우리의 모습은 어떠할까? 지금처럼 우리 고유의 문화가 형성될 수 있었을까? 이처럼 한 민족의 고유문화가 형성되는 데에는 말과 문자가 아주 중요한 역할을 한다.

'정(情)'이라는 말이 있다. 이 말은 우리나라는 물론 한자 문화권인 중국과 일본에서도 사용하는 말이다. 일본이나 중국에서는 '정'은 사람을 아끼고 사랑하는 느낌을 가리킨다. 다른 사람이 잘 되길 바라고 혹시 불행한 사람이 있다면 도와주려는 마음이다. 즉, 다른 사람의 마음을 헤아려 보고 내 마음을 써 주는 것을 뜻한다.

그런데 우리나라 사람이 느끼는 '정'은 상당히 복합적인 감정이 담겨 있다. 상대를 믿는 마음, 사랑하는 마음, 친근하게 느끼는 마음, 아끼는 마음 등 여러 감정이 어우러진 표현이다. 이러한 감정은 문화에서 비롯되는데 문화는 달리 말하면 오랜 시간 쌓인 언어적 습관에서 비롯된 공동체의 집단적 무의식이다. 그리고 이 집단적 무의식은 오랫동안 사람과

사람 사이에 유대감이 쌓여야 생기고 문자가 형성되면 유대감은 더 강해진다. 이렇게 문자를 통해 유대감을 형성하는 일을 바로 세종 대왕이 〈훈민정음〉을 통해 이루어 냈다.

세종 대왕은 백성이 수준 높은 사고를 하기 위해서는 문자를 사용해야 한다고 생각했다. 당시에는 동서양 어디든 지배층에서만 문자를 통해 문물과 정보를 누렸기에 이런 생각은 혁명이나 마찬가지였다. 고유 문자가 없어 중국의 한자를 빌어 썼던 우리나라의 사정도 다르지 않았다. 그런데 세종 대왕은 문자가 백성의 삶의 질을 향상시킬 수 있을 거라는 믿음으로 〈훈민정음〉을 만들었고, 이를 잘 사용하기 위해 세계에서 유일한 언어 사용 안내서인 《훈민정음 해례본》까지 펴냈다. 이 책에 따르면 〈훈민정음〉은 음양오행과 하늘, 땅, 사람이라는 동양 사상이 반영된 인류 최고의 작품이다. 하지만 《훈민정음 해례본》이 발견되기까지 우리는 〈훈민정음〉 창제의 비밀을 풀 수 없었다.

일제 강점기와 한국 전쟁 등을 거치면서 《훈민정음 해례본》은 사라질 위기에 처해 있었다. 간송 전형필 선생이 우리 문화와 역사를 지키겠다는 굳은 의지로 이 책을 지켜내지 않았다면 오늘날 우리글에 대한 차부심은커녕 이웃나라 언어를 국어로 삼고 있었을지도 모른다.

시간이 흐르면 사회환경이 달라져 새로운 말이 생기고, 기존의 의미에 또 다른 의미가 더해질 수도 있다. 하지만 요즘 우리말과 글은 재미를 위해 전혀 다른 뜻이 입혀지거나 외국어와 조합되어 새로운 말이 생겨나기까지 했다. 그 영향으로 청소년들과 기성세대가 소통하는 데 어려움이 생기기도 한다. 이는 세대가 단절되는 문제보다 우리말과 글을 잘 가꾸지 못한 데서 생긴 문제로 봐야 한다. 그동안 우리는 역사적으로 어려움을 겪으면서도 우리말과 글을 잘 지켜왔다. 한글의 미래는 지금 이 순간 한글을 어떻게 가꾸느냐에 달려 있다. 따라서 이 책을 통해 청소년들이 세종 대왕과 〈훈민정음〉에 좀 더 관심을 가지기를 바란다.

〈훈민정음〉이 창제된 지 500년이 지났다. 우리 청소년들이 이 책을

통해 우리말을 얼마나 바르게 가꾸어 왔는지, 디지털 시대에 한글은 얼마나 적합한 언어인지, 한글의 우수성에 대한 세계의 평가는 어떠한지 등을 읽고 느끼며 우리글을 창제한 세종 대왕의 마음을 조금이나마 이해하고 미래의 한글을 아름답게 가꾸어 나갔으면 좋겠다.

이진명(간송미술문화재단)

ㄱ

세기의 발상,
한글

단 스물여덟 자로
모든 문자의 발음을 정확히
표기할 수 있는 '한글'은
우리 민족의 가장 우수한
발명품이자 자랑스러운
문화유산이다.

우리 민족의
가장 우수한 발명품 한글

●

'한글'은 우리나라 고유 문자를 가리키는 이름이다. 우리말을 표기하기 위해 세종 대왕이 창제한 〈훈민정음〉을 20세기 이후부터 '한글'이라고 불렀다. 처음 반포 당시 〈훈민정음〉은 28자였으나 지금은 24자만 쓰고 있다.

《조선왕조실록》《고려사》《삼국유사》《삼국사기》 등 우리나라 역사책이나 고대 자료 어디에도 한문이나 이두 문자를 쓰는 게 불편하다는 기록은 보이지 않는다. 그런데도 세종 대왕은 1443년에 우리 고유의 문자 28자를 반포했다. 이로써 지구 상에 새로운 문자가 등장한 것이다. 문자를 만든다는 것은 자연현상을 연구하는 것과는 비교할 수 없을 정도로 대단한 일이다. 자연현상을 연구하는 것은 과거에 있었던 일이 바탕이 된다. 오랜 시간 습득한 지식이나 기록, 결과, 직접 보고 들은 현상 등을 바탕으로 새로운 발견을 더해 가는 방식이다. 하지만 글자는 무언가를 본받아 만들 수 있는 분야가 아니다. 독창적인 예술 작품을 만들 듯 세상에 없는 새로운 것을 창조하는 일이다. 그래서 한글을 우리 민족의 가장 우수한 발명품이라고 자신 있게 내세울 수 있다. 그럼, 이토록 우수한 발명품 한글은 어떻게 만들어졌을까?

〈훈민정음〉 창제에 대한 가설은 크게 세 가지로 나뉘어진다.

첫째, 세종 대왕이 기본 핵심 철학을 쓰고, 그 해설을 정인지·박팽년·최항·신숙주·성삼문·강희안·이개·이선로 같은 학자 여덟 명이 썼다는 것이다. 그래서 〈훈민정음〉은 이들의 공동 작품이라고 한다. 둘째, 세종 대왕에게는 18남 4녀가 있는데 이들이 세종 대왕의 연구진이었다는 것이다. 셋째, 음성학을 연구하는 학승(불교의 경전이나 교리 및 속학을 깊이 알고 있는 승려)들이 문자를 만드는 데 이론적으로 뒷받침을 했다는 것이다. 그리고 원나라에서 만든 파스파 문자, 티베트의 서장 문자 등의 영향을 받았다는 추측도 있다.

이렇게 여러 가지 가설이 있으나 분명한 사실은 한글은 우리 민족의 자랑스러운 문화유산이라는 것이다. 이는 한글에 대한 외국 학자들의 평가에서도 드러난다. 영국의 한 역사학자는 〈훈민정음〉에 대해 이렇게 평가했다.

"훈민정음은 모든 언어가 꿈꾸는 최고의 알파벳이다."

또 미국의 한 언어학자는 한글날에 동료 학자들과 제자 등을 초대해 세종 대왕을 기리고 있다.

세계 문명은 크게 유럽 문명, 아랍 문명, 인도·말레이 문명, 동아시아 문명 네 가지로 나뉜다. 각 문명 속 나라들은 모두 같은 알파벳을

사용한다. 유럽에서는 라틴 어의 알파벳을, 아랍에서는 페르시아의 알파벳을, 인도·말레이 문명은 라틴 어의 알파벳을 빌려 쓴다. 그리고 동아시아 문명에서는 한자를 사용하는데 동아시아 문명에 속하는 우리나라는 우리만의 글자, 한글을 사용하고 있다. 그리고 한글은 우리나라의 고유 문화를 형성하는 바탕이 되었다.

《훈민정음 해례본》은 어떤 책일까?

〈훈민정음〉은 1940년 이전까지는 어디에서도 창제 원리에 대한 기록을 찾을 수 없었다. 그런데 1940년 안동에서 《훈민정음 해례본》이 발견되면서 그 원리가 밝혀졌다. 이 무렵은 일제 강점기로 한글 말살 정책이 한창인 때였다.

당시 《훈민정음 해례본》을 처음 발견한 사람은 서예가 이용준이었다. 그는 스승인 국문학자 김태준에게 《훈민정음 해례본》을 보여 주었고, 김태준은 이를 전형필에게 넘겼다. 그리고 전형필은 우리나라가 해방되고 난 뒤 1946년에 《훈민정음 해례본》을 한글학회에 공개했다.

그럼 《훈민정음 해례본》은 어떤 책일까? 세종 대왕은 글자 〈훈민정음〉을 반포하면서 책 《훈민정음》도 함께 펴냈다. 이 책은 〈서문〉

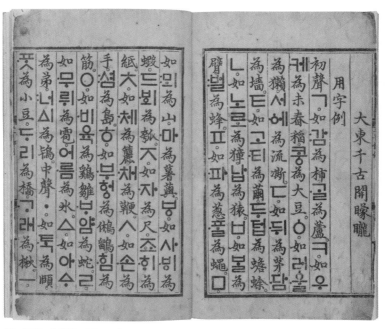

《훈민정음 해례본》 세종 28년(1446년), 국보 70호 간송미술관 소장

과 〈예의〉(이 두 부분을 정음 본문이라 한다), 여덟 명의 학자가 〈서문〉과 〈예의〉를 풀이한 〈정음 해례〉와 정인지의 〈서문〉으로 이루어져 있다. 그런데 《조선왕조실록》에는 이 네 장 중 세종 대왕의 〈정음 본문〉과 마지막 부분인 정인지의 〈서문〉만 실려 있다. 세종 대왕의 글을 자세히 설명한 해설서인 〈정음 해례〉가 없다. 이 해례 부분까지 실린 책이 바로 《훈민정음 해례본》이다. 그리고 이 책이 1946년에 공개된 이후 비로소 한글을 만든 원리를 알게 되었다.

《훈민정음 해례본》에 따르면 세종 대왕은 글자를 만들기 위해 인간의 발성 구조와 신체 구조까지 연구했다고 기록되어 있다. 'ㅅ' 자나 'ㅇ' 자를 예로 들어 보면 이 글자는 치아와 목구멍의 모양을 본떠 만든 글자라는 것을 알 수 있다. 'ㅅ' 자는 치아를 거쳐 소리가 나오고, 'ㅇ' 자는 목구멍을 통해 소리가 나온다. 이렇게 〈훈민정음〉은 직접 소리를 내는 기관의 움직임이나 모양을 그대로 본떠 만든 글자이다. 이런 방법으로 글

ㅅ 치아가 서로 엇갈려 있는 모양을 보고
'ㅅ' 자를 만들었다.

ㅇ 동그란 목구멍의 모양을 보고
'ㅇ' 자를 만들었다.

자를 만들었을 거라고는 아무도 생각하지 못했기에 한글이 만들어진 원리가 알려지자 많은 이들이 놀랐다.

한글은 단 스물여덟 자로 모든 문자의 발음을 정확히 표기할 수 있는 글자이다. 영어, 프랑스 어, 몽골 어, 중국어, 일본어, 포르투갈 어등 세계의 어떤 문자보다도 소리 나는 대로 빠른 시간 안에 조합해 쓸수 있어서 지금까지 사용되고 있는 문자 중 가장 합리적인 글자이다.

예를 들어 '미켈란젤로'라는 이름을 표기할 때, 중국에서는 한자를 조합해 글자를 새로 만들어야 한다. 그리고 일본에서는 사람에 따라다르게 쓰기도 한다. 심지어 이탈리아 어와 같은 어족인 프랑스 어

에서는 미켈란젤로라고 표기하고 '미셸앙쥐'라고 발음한다. 이런 문자들의 비합리적인 면들을 볼 때 우리가 빠르게 변화하는 21세기에 맞는 합리적이고 정확한 한글을 갖게 된 것은 모두 세종 대왕 덕분이 아닐까.

세종 대왕이 〈훈민정음〉을 만들게 된 계기는 무엇일까?

●

세종 대왕은 태종 이방원의 아들이자 태조 이성계의 손자이다. 태종과 태조는 정치적인 능력은 뛰어났으나 도덕적인 면에서는 여러 가지 문제가 있었다. 이에 효자였던 세종 대왕은 선대의 결점을 자신의 덕으로 덮어 주려 했다. 더불어 백성을 덕으로 가르쳐야 화목하고 인의예지가 실현되는 나라를 만들 수 있다고 생각했다.

인간의 마음에는 욕심이 있는데 이는 맑은 거울에 붙은 먼지나 때와 같다. 여기에서 맑은 거울이 바로 인의예지로, 거울에 붙은 더러운 때를 닦는 것을 '교화'라고 한다. '교화'는 글을 통해 습득해야 제대로 배울 수 있다. 세종 대왕이 그토록 배우기 쉬운 글자를 만들고자 했던 이유가 바로 이 때문이었다.

세종 대왕은 처음에는 인의예지를 실현하기 위해 우리나라와 중국에서 전해지는 좋은 덕담을 책으로 그려서 보급하려는 계획을 세

《삼강행실도》

왔다. 그 책이 바로 《삼강행실도 (1434)》이다. 이 책은 임금을 잘 섬긴 충신, 부모를 잘 모신 효자, 애정이 돈독한 부부의 이야기가 담겨 있다. 그런데 한자를 읽지 못하는 백성이 많아 완전히 보급할 수 없었다. 그런 데다 이 책을 펴낸 해에 경상도 칠곡에서 아들이 아버지를 죽이는 패륜 사건이 벌어졌다. 보고를 받은 세종 대왕은 큰 충격에 빠졌다.

그 후 10년 뒤 세종 대왕은 〈훈민정음〉 스물여덟 자를 만들어 냈다. 또 3년 뒤에는 글자 창제의 원리와 이유를 밝히고 사용법까지 담은, 세계에서 단 하나뿐인 글자 사용법 안내서인 《훈민정음》을 반포했다. 당시 세종 대왕은 〈훈민정음〉을 반포하면서 다음과 같이 말했다.

"열흘만 공부하면 식자층 부럽지 않게
책을 볼 수 있으리라."

그런데 이 책에는 '백성'이라는 말 대신 '사람'이라는 표현이 더 자주 등장한다. 이는 일반 백성은 물론 지배 계층까지 교화하고자 한 것으로 짐작할 수 있다. 당시 사대부들이 한문 읽는 법과 그 뜻을 파악하는 방법이 저마다 달랐기 때문이다. 〈훈민정음〉의 정음은 '바른 소리'라는 뜻이다. 세종 대왕은 〈훈민정음〉을 통해 백성에게는 배우기 쉬운 글자를 선물하고 사대부에게는 지식의 표준을 제공하겠다는 생각이었다. 그리하여 사대부들이 정확하고 수준 높은 학문을 닦아 이를 바탕으로 만든 실용 정신을 널리 퍼트려 백성이 더 아름다운 삶을 살기를 바랐다. 이는 《훈민정음 해례본》의 서문에도 적혀 있다.

우리나라 말이 중국 말과 달라서 한자와는 그 뜻이 서로 통하지 아니하므로 제대로 나타낼 수 없다. 따라서 우리 백성들이 말하고자 하는 것이 있어도 자기의 뜻을 글로 써서 나타내지 못하는 이가 많으니라. 내가 이를 딱하게 여겨 새로 스물여덟 글자를 만들어 내놓으니, 모든 사람들이 이것을 쉽게 익혀서 날마다 쓰는 데 불편함이 없도록 하고자 할 따름이니라.

– 《훈민정음 해례본》 서문 중에서

세종 대왕은 〈훈민정음〉 반포 이후 언문청이라는 기관을 만들었는데 이곳에서 사대부들이 한글을 익힌 것으로 짐작된다. 또한 향교에서도 누구나 한글을 배울 수 있었다. 세종 대왕은 백성이 글을 익혀 농사 기술이나 천문 지식을 얻으면 나라는 그만큼 더 번영할 것이라고 굳게 믿었다. 그리고 사대부들의 특권 때문에 백성이 힘들어서는 안 된다고 생각해 모두에게 한글로 쓴 법조문을 읽게 했다. 이게 모두 〈훈민정음〉이 있었기에 가능했다.

만약 세종 대왕이 〈훈민정음〉을 창제하지 않았다면 어찌 되었을까? 아마 우리는 아직도 한자를 쓰고 있을지도 모르고 계속해서 지배층이 지식을 독점했을 수도 있다. 그렇게 되면 백성의 삶은 계속해서 지배층에게 휘둘렸을 것이다. 어쩌면 일제 강점기에 강제로 쓰게 된 일본어를 지금까지 쓰고 있을 수도 있고, 독립 이후에는 영어로 우리말을 표기했을지도 모른다. 우리가 하나의 민족을 유지하고 있는 것은 같은 말과 글을 사용하기 때문이다. 즉 같은 혼을 느낄 수 있기 때문이다. 같은 혼이란 정신적 유전자가 같다는 뜻이다. 그러니 위대한 우리의 혼을 느낄 수 있게 해 준 세종 대왕에게 감사할 따름이다.

〈훈민정음〉 창제 이후 백성이 지식을 습득하다

백성이 글자를 읽을 수 있다는 것은 지식을 습득할 수 있다는 것을 뜻한다. 옛날, 세계의 지도자들은 백성이 똑똑해지면 통치하는 데 불리한 점이 많다고 생각했다. 이는 조선 시대에도 마찬가지였다.

고려 시대와 조선 시대는 사상적으로나 사회 구성 방식으로나 큰 차이가 있다. 고려 시대는 불교 사회이자 귀족 사회였다. 귀족은 군대를 거느릴 수 있었는데 당시 일반 백성은 생계를 잇기 위해 귀족의 군인이 되거나, 노비로 일하거나, 그것도 아니면 상권을 찾아 원나라나 아라비아로 가는 경우가 많았다.

그런데 조선 시대는 유교 사회였다. 고려 시대에 비해 신분 제도가 훨씬 엄격해지면서 사람과 사람 사이에 벽이 생겼다. 그런 반면 '인의예지'를 실현하는 것은 아주 중요하게 여겼다. 그 예로 병인양요 때 한 프랑스 장교에 얽힌 일화가 있다. 당시 이 장교가 일반 백성의 집에서 《명심보감》《동몽선습》《춘향전》 등이 어떤 내용이 실려 있는 책인지 알아봤다고 한다. 이 책들은 모두 공자와 맹자가 주장하는 덕과, 부처가 말하는 인과응보에 대한 뜻을 풀이한 것이었다. 그 장교의 시각에서 보면 이 책들은 플라톤의 《국가론》이나 아리스토텔레스의 《형이상학》과 《정치학》 같은 책을 해설한 책과 같았다. 그는 하층 계급에 속하는 일반 백성이 그토록 수준 높은 책을 읽는 것을 보고 무척 놀랐다. 이 모든 게 바로 〈훈민정음〉이 있기에 가능한 일이었다.

조선시대는 철저히 완성된 중앙집권제를 실현하고 있었다. 같은 시기 유럽은 종교 세력과 정치 세력이 서로 투쟁했고, 일본은 지방 세력과의 분규와 전란에서 헤어나오지 못했다. 세습으로 권력이 유지되었다. 조선은 과거 제도로 인재를 선발했다. 유럽과 일본이 19세기가 되어서야 이러한 제도의 틀을 갖추었던 것을 생각해 보자. 또 조선의 선비는 요즘으로 치자면 철학자와 같다. 이러한 사람들이 임금을 돕고 백성의 삶을 살핀 것이다. 그런 가운데 공자와 맹자의 덕을 바탕으로 백성을 다스리고자 했다. 이것을 '덕치'라고 한다. 이는 조선을 중국의 요임금과 순임금이 천하를 다스리던 평안한 요순시대처럼 만들겠다는 큰 뜻이 담겨 있었다.

또한 농업을 국가의 근본으로 삼았기에 자연의 생장과 화육을 돕는 《중용》철학까지 실현하고자 했다. 그리고 머리 좋고 돈을 많이 번 사람을 칭송하기보다 양심적으로 사는 사람들을 칭찬하고자 했다. 따라서 부모를 공경하고 이웃과 화목하고 하늘을 우러러보는 백성을 칭찬했다.

ㄴ

세종 대왕을
만나다

〈훈민정음〉의 닿소리는
사람의 발음 기관을,
홀소리는 하늘의 둥근 모양,
땅의 평평한 모양,
곧게 선 사람의 모양을 본떠
만들었다.

세종 대왕에게 직접 듣는
한글의 어제와 오늘

만약 우리가 세종 대왕을 직접 만날 수 있는 기회가 생긴다면 어떨까? 세종 대왕은 지금의 한글과, 한글을 사용하는 우리의 모습을 어떻게 볼까? 〈훈민정음〉은 창제되었을 때와 달리 지금은 쓰지 않는 글자가 있고 모양이 달라진 글자도 있다. 뜻도 조금씩 달라지고 새로운 말도 생겨났다. 그럼 지금부터 세종 대왕과의 인터뷰를 통해 한글의 어제와 오늘, 미래를 알아보자.

세종 대왕님, 만나 뵙게 되어서 영광입니다. 저희는 지금 21세기에 살고 있습니다. 그러니까 600년 뒤의 세상에서 뵙고 있습니다. 세종 대왕께서 남겨 주신 한글을 자랑스럽게 사용하고 있습니다.

사회자

600년 뒤의 세상에 있는 후손을 만나다니 참으로 기쁩니다. 먼저 지금 세상에 대해서 설명해 주면 좋겠습니다.

세종 대왕

사회자

지금 우리 사회는 끝없이 경쟁하며 살고 있습니다. 중국, 일본 등 주변 나라는 물론 서양과도 치열하게 경쟁하고 있습니다. 그 결과 우리나라는 전 세계 20개 강국 안에 포함되었고 경제 규모는 15위입니다. 모든 국민이 외국에 자유롭게 오고 가고 집 안에서 전 세계의 소식과 정보를 실시간으로 검색하고 파악할 수 있습니다. 이것은 컴퓨터라는 첨단 기계가 있기에 가능한 일입니다. 또 가수들이 노래 부르고 춤추는 모습을 집 안에서 편리하게 볼 수도 있습니다. 그리고 각종 농사 기술과 어업 기술, 운송 수단 또한 발달해서 강, 바다, 들에서 나는 온갖 음식을 한 곳에서 편리하게 구입할 수 있습니다.

세종 대왕

후손이 이렇게 발전된 세상에서 잘 살고 있다니 정말 기쁩니다. 저 역시 농사가 천하의 근본이라는 생각에 《농사직설》이라는 책을 배포하기도 했습니다. 농사는 우리 생활과 직접 연결되어 있기 때문이었습니다. 그런데 지금은 강, 바다, 들에서 나는 온갖 음식을 어디에서나 쉽게 구할 수 있다니 참으로 놀라운 일입니다. 다만 이렇게 발전된 세상에서도 굶주리고 소외된 사람들이 있는지 궁금합니다.

사회자

말씀하신 대로 지금도 어렵게 사는 사람들이 있습니다. 그리고 또 한 가지 안타까운 것은 우리나라가 남북으로 나뉘어 교류가 끊긴 채 살고 있다는 것입니다.

세종 대왕 나라가 나뉘었다니 정말 안타까운 일입니다. 농부든 누구든 걱정이 없어야 나라가 잘되는 것인데……. 누군가 혼자만 돈을 많이 벌어서 경제를 독점하면 뭐하겠습니까. 나머지가 무너지면 큰일이지요. 사람이 사는 세상은 자연의 먹이사슬과 크게 다르지 않습니다. 토끼들이 멸종하면 여우가 멸종하게 되고 그러면 호랑이까지 멸종하는 법입니다. 어떤 시대이든 물질보다 정신의 가치를 중요하게 생각해야 합니다. 저는 화포 1650문을 국경 지대에 배치하고 농사짓는 법을 보급하는 데 온 힘을 기울였습니다. 외적의 침입 때문에 생기는 피해가 없고, 농사가 풍년이면 행복의 기본 조건이 성립되는 것이나 마찬가지입니다. 그 다음에는 정신적인 가치를 가꾸어야 합니다. 옛 성현들의 좋은 글과 시를 읽고, 그림을 보는 것이 바로 정신적인 가치를 가꾸는 일입니다. 모든 백성이 배가 부르고 따뜻한 옷을 입고 정신까지 가꿀 수 있게 되면 이보다 훌륭한 삶은 없을 것입니다. 그러니 모두가 이런 삶을 누릴 수 있게 힘과 지혜를 모아야 합니다.

사회자 저희는 자본주의라는 제도 안에 살고 있습니다. 이 제도는 서로 열심히 경쟁해야 살아남을 수 있는 사회입니다. 남들보다 더 영리해야 하고 더 강해야 한다는 말이지요. 그러기 위해서는 좋은 대학에 가기 위해 외국어를 배우고 외국의 학문도 열심히 공부해야 합니다. 요즘 부모님은 아이들이 자신보다 더 나은 조건을 가진 친구를 사귀고 그들과 경쟁하기를 바랍니다. 그런데 이러한 경쟁 구도는 아이들을 힘들게 하지요. 또한 뉴스에서는 날마다 평화를 위협하는 소식이 쏟아지고 주변국인 중국과 일본은 하루가 다

르게 강해지고 있습니다. 미국이나 러시아도 국가의 힘이 나날이 성장하고 있습니다. 이렇게 강국에 에워싸여 있는 상황에서 우리나라는 65년째 남과 북으로 갈려 있으니 정말 안타까운 일입니다. 세종 대왕께서 이런 현실에 지혜를 보태 주시면 좋겠습니다.

세종 대왕 우리나라의 현재 모습은 저도 몹시 안타깝습니다. 그런데 우리가 바른 마음으로 세상을 대하고 행동한다면 반드시 길이 보일 것입니다. 가장 중요한 것은 다른 민족에게 의지하지 말고 자기의 힘을 키우는 것입니다. 자기 힘은 자신을 믿는 데서 나옵니다. 외국의 학문을 받아들이는 것도 중요하지만 자기 믿음이 가장 중요합니다. 이에 우리 조상의 생각과 지혜를 활용하는 방법도 찾아야지요. 분명히 길이 있을 것입니다. 그리고 갈라진 남과 북은 원래 하나였으니 서로 사랑하고 다시 하나가 되는 길을 찾기 위해 애써야 합니다. 서로 오고 가면서 돕다 보면 믿음과 애정이 생겨 힘이 두 배로 커질 것입니다. 믿음을 바탕으로 힘 있는 국가가 되는 길을 마련하면 됩니다. 우리는 우리가 도와야 합니다.

사회자 네, 말씀대로 노력하겠습니다. 그리고 무엇보다도 우리가 가장 궁금한 것은 역시 세종 대왕께서 〈훈민정음〉을 창제한 이유와 목적입니다.

세종 대왕 〈훈민정음〉은 제가 평생을 바치더라도 꼭 창제하고 싶었습니다. 제가 〈훈민정음〉을 만든 데에는 다섯 가지 이유가 있습니다.

첫째, 백성이 화목하고 도리를 지켜야 행복하게 살 수 있는데 패륜이 발생했습니다. 옛 중국의 말에 '숲에 복숭아꽃(도, 桃)과 자두 꽃(리, 李)이 피면 사람들이 저절로 드나들게 되고 그 나무들 아래 길이 저절로 생긴다.'는 말이 있지요. 여기에서 '도리(道理)'라는 말이 생겼습니다. 아름다운 것에 발이 머무는 이치를 글자로 가르쳐야 합니다.

둘째, 사람이 살아가는 데에는 법도가 필요합니다. 문명이 발달할수록 더욱 그렇습니다. 글자를 읽지 못하는 백성은 자신의 억울함을 상소문으로 올릴 방법이 없었습니다. 그런데 어떤 고을의 수령이 한

《농사직설》 각 도의 관찰사가 농부들에게 들은 농사에 관한 지식을 모아 엮었으며 오늘날까지 전하는 가장 오래된 농서이다. 우리말로 된 곡식 이름을 향찰과 이두로 적었다.

백성의 땅에 대한 정보를 엉터리로 정리하는 바람에, 그 백성이 대대로 물려받은 땅을 잃어버렸습니다. 만약 이 백성이 글자를 읽고 쓸 수 있었다면 자신이 당한 일을 관아나 더 높은 기관에 알려 억울함을 풀었을 것입니다.

셋째, 농사 기술을 널리 보급하고 싶었습니다. 그런데 내가 백성을 다스리던 시기보다 200년 앞서 쓰인 《농상집요》는 도저히 우리나라 현실에 맞춰 농사를 지을 수 없었습니다. 그래서 우리나라 땅에 맞는 농사에 관한 책을 백성에게 보급하는 게 가장 급한 일이라고 생각했습니다. 그 꿈을 이룬 책이 바로 《농사직설》입니다. 이 책에 실려 있는 농사 기술은 우리 땅의 특성을 연구해서 썼기 때문에 백성이 합리적인 농사 기술을 배울 수 있었습니다.

넷째, 《훈민정음》 서문에 처음에는 백성이라는 단어를 사용했지만 나중에는 사람이라는 단어를 사용했습니다. 혹시 그 이유를 짐작할 수 있나요? 사람이라는 단어는 양반부터 노비에 이르기까지 모든 백성을 가리키는 말입니다. 조선 시대는 송나라 때 학문인 성리학을 중요하게 여겼습니다. 그래서 성리학을 공부하려면 한문 실력이 뛰어나야 했지요. 그런데 사대부들조차 한문을 읽는 방법이 저마다 달랐어요. 중국에서도 요녕 주에서 한문 읽는 법과, 복건주나 산서주에서 한

《동국정운》 신숙주, 최항, 성삼문, 박팽년, 이개 등의 집현전 학자들이 세종 대왕의 명에 따라 우리나라의 한자음을 새로운 체계로 정리한 최초의 음운서이다.

문 읽는 법이 달랐기에 우리도 표준이 없었던 것 같습니다. 그래서 모든 사대부가 글자를 같은 소리로 발음하며 공부하기를 바라고 쓴 책이 《동국정운》입니다. 이 책 제목에 '우리나라의 바른 음'이라는 뜻이 담겨 있습니다.

다섯째, 글자를 단순히 의미를 전달하는 도구로만 보면 안 됩니다. 사람이 생각을 하지 못한다면 동물과 다를 바 없습니다. 생각은 말과 글자로 하는 것인데 말로만 생각하면 논리를 정리하기 어렵습니다. 하지만 글자로 써 가며 생각하면 논리를 잘 정리할 수 있습니다. 이렇게 논리가 생기면 합리적으로 생각할 수 있게 됩니다. 그리고 합리적인 사고는 수준이 높은 생각으로 이어집니다. 이것이 바로 개념입니다. 개념은 세상에 대한 헛된 생각과 오해를 구분하는 기준입니다. 헛된 생각이나 오해란 예를 들면 미신·귀신·재수·운수·액운 이런 것들입니다. 개념을 확실히 가지고 있으면 인간의 마음이 나약해졌을 때 찾아오는 걱정과 근심, 공포 같은 것을 다스릴 수 있지요. 그래서 백성에게 익히기 쉽고 합리적인 글자를 보급하고 싶었던 것입니다.

그런데 한글 창제 과정에 대해 많은 신화와 전설이 있습니다. 신미 대사가 도왔다는 이야기, 몽고의 파스파 문자나 인도의 산스크리트 문자를 참조했다는 이야기, 또 빛이 화장실 창살에 비쳐 나타난 모양을 보고 만들었다는 등 많은 이야기가 있습니다. 그렇다 보니 어떤 게 사실인지 정확히 알 수 없고 추측하기도 어렵습니다. 세종 대왕께 직접 창제 과정을 듣고 싶습니다.

〈훈민정음〉을 만들 때 정말 많은 사람이 참여했습니다. 그래서 〈훈민정음〉은 저의 독자적인 창제물이기도 하고 공동 창제물이기도 합니다. 우선 저의 왕자들과 공주들이 참여했습니다. 특히 양평 대군은 정말 번뜩이는 아이디어를 수없이 쏟아 낸 엄청난 천재였습니다. 그리고 신미 대사가 산스크리트 문자를 소개하고 분석한 일도 사실입니다. 정말 큰 도움이 되었지요.

그러나 무엇보다도 정인지·최항·신숙주·성삼문·박팽년·이개·허위지·이선로 같은 훌륭한 학자들의 도움이 매우 컸습니다.

《훈민정음 해례본》에 훈민정음을 두고 "모양을 본떴으나 옛 전자(한자 서체의 하나)를 닮았다."는 말이 있습니다. 전자는 글자체가 네모, 세모, 동그라미 등으로 이루어져 있습니다. 그런데 어느날 우리말을 곰곰이 생각해 보다가 '중'이 초성(ㅈ), 중성(ㅜ), 종성(ㅇ) 이 세 부분으로 이루어져 있다는 것을 발견했습니다. '중' 자는 중국어에서는 '쭈' 자와 '웅' 자로 나뉘지요. 그런데 마침 몽골의 파스파 문자가 초성과 종성으로 나누어 표기한다는 것을 알게 되었습니다. 이 사실을 알고 난 뒤에 전서와 파스파 문자, 그리고 삼분법 등을 종합하면 정말 문자를 만들 수도 있겠다는 생각이 들었습니다. 그때부터 틈만 나면 왕자와 공주, 후궁들을 모아 소리를 내게 하고 발성 기관을 들여다보기를 반복했습니다.

그렇게 몇 년째 연구를 거듭하던 어느 날 세상의 모든 소리를 글자로 나타낼 수 있다는 자신감이 생겼습니다. 글 읽는 소리, 바람이

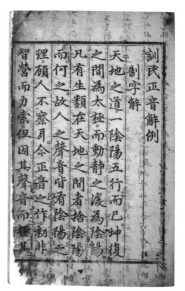

《훈민정음 언해본》(좌)과 《훈민정음 해례본》(우) 《훈민정음 언해본》은 한자로 써 있는 《훈민정음 해례본》의 본문을 훈민정음으로 적은 책이다. 이 책에도 《훈민정음》 서문이 기록되어 있다.

대나무에 스치는 소리, 시장 상인들이 물건 파는 소리, 아파서 울부짖는 소리, 개의 울음소리 등 어떤 소리도 말이에요.

　우선 닿소리 다섯 개로 기본 소리를 만들었습니다. 먼저 입 안의 혀를 관찰했는데 혀뿌리가 목구멍을 막으면서 나오는 소리를 눈여겨봤습니다. 심지어 의원까지 불러서 확인했지요. 혀뿌리가 목구멍을 막으면서 나는 소리는 '강, 가다, 그리다' 같은 말을 할 때 나오는 'ㄱ' 자였어요. 그리고 '나무, 누렇다, 누나' 같은 말을 할 때에는 혀끝이 앞니 안쪽의 잇몸에 닿으면서 안으로 구부러졌어요. 그렇게 해서 'ㄴ' 자를 만들었지요. 그 다음에 '마늘'의 알싸한 맛이나 우리 '몸'을 생각하면서 발음해 보았더니 입술이 'ㅁ' 자 모양이 된다는 것을 발견하고 입술소리를 만들었고요. 이런 과정을 지켜보면서 처음에는 글자를 만드는 걸 반대했던 정인지나 최항 등이 차츰 관심을 보이기 시작했습니다.

　그 다음에는 '사랑'이라는 낱말의 발음이 어디에서 나오는지 끈질기게 살펴보았습니다. 이 소리는 혀끝이 아래 앞니를 스친 뒤 천장을 향해 구부러진 뒤, 순식간에 날숨이 이 사이를 스치듯이 통과하면서 '사랑'이라고 발음되고 있었어요. 그 모양을 곱씹어서 생각해 보니 'ㅅ' 자와 같았어요. 또 '으하하' 하고 웃는 소리나 초상집에서 '아이고' 하고 흐느끼는 소리를 관찰했더니 목 안쪽에서 울려 나오고 있었습니다. 그래서 의원에게 물어보니 목구멍 안쪽이 둥글게 생겼다고 했습니다. 그 말을 듣고 의서를 찾아보았더니 실제로 그렇게 그려져 있어서 'ㅇ' 자를 만들었습니다. 이렇게 다섯 가지 기본 글자가 만들어지니 여기에

응용할 수 있는 닿소리를 만들 수 있
게 되었고, 종성까지 만들 수 있다
는 자신감이 생겼습니다. 그때의 기
분은 세상을 다 얻은 기분이라고 해
야 할까요? 다시는 그런 기분을 느
끼기 어려울 테지요.

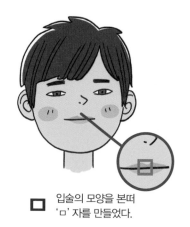

입술의 모양을 본떠
'ㅁ' 자를 만들었다.

사회자

혹시 이 다섯 가지 기본 소
리에 각각 획을 넣어서 다른 글자로 확장하지 않았나요? 예를 들
면 'ㄱ' 자는 'ㅋ' 자로 'ㄴ' 자는 'ㄷ' 자로, 이렇게 해서 닿소리 17자를 만든 것
같습니다.

세종 대왕

맞습니다. 창제 과정을 정확히 알고 있다니 정말 놀랍습니
다. 그런데 다음 문제는 홀소리를 만드는 거였습니다.

저는 우주의 모든 것을 표현할 수 있는 글자를 만들고 싶었습니다.
그리고 당시 사람들은 '하늘은 둥글고 땅은 모나다.'라고 생각하고 있
어서 하늘 소리를 처음에는 'ㅇ' 자로 쓰려고 했는데 닿소리 'ㅇ' 자와
겹치는 것입니다. 그래서 '·' 자를 쓰기로 했습니다. 그 다음에 땅의
소리를 만들어야 하는데 'ㅁ' 자를 쓰자니 닿소리 'ㅁ' 자와 겹쳐 이 글
자는 수평선을 뜻하는 'ㅡ' 자로 표기하기로 했습니다. 하늘과 땅 소
리를 만들었으니 다음에는 사람을 뜻하는 글자를 만들 차례였습니다.
천지만물 중에 땅 위에 서 있는 귀한 존재인 사람은 'ㅣ' 자로 표기했

습니다.

자, 이번에는 여러분도 눈을 감고 한 번 생각해 보세요. 가장 먼저 하늘이 생기고 그 다음 땅이 생기고, 인간을 비롯한 동식물이 태어나지 않았을까요? 소리도 마찬가지라고 생각했습니다. 목구멍 안쪽에서 시작되어 차차 앞으로 나아갔을 것입니다. 저 목구멍 안쪽에서 나오는 소리는 '아' 자로 들릴 것이고, 더 멀리 아득한 느낌을 생각해 보면 '아' 자가 작아지면서 'ㆍ' 자로 들리겠지요. 이것이 태초의 하늘 소리입니다. 그리고 목구멍 안쪽으로 다가온 중간 소리는 'ㅡ' 자로 들릴 것이고요. 이게 바로 땅소리입니다. 그리고 앞니 바로 뒤에서 위아래로 내려오는 소리는 'ㅣ' 자로 들리지요. 이렇게 해서 천지인의 소리를 모두 만들었습니다. 이 소리를 조합했더니 모든 홀소리, 즉 모음을 표기하는 게 가능했습니다.

사회자 아, 〈훈민정음〉이 만들어지기까지 이렇게 복잡한 연구 과정이 있었군요. 백성을 사랑하는 마음이 가득 느껴집니다. 이처럼 백성을 생각하는 마음을 가지게 된 데에는 누구의 영향이 있었나요?

세종 대왕 아버지 태종입니다. 태종은 멋있는 사람이면서 동시에 허물도 많은 사람이었어요. 정확한 평가는 역사의 몫이겠지만 그 어려운 시기를 태종처럼 현명하게 헤쳐 나간 지도자는 세계적으로도 드물답니다. 기울어 가는 고려 왕조 때 태조를 도와 정몽주를 제거하는 데 앞장섰으니까요. 한 번은 이런 일이 있었어요. 명나라 홍무

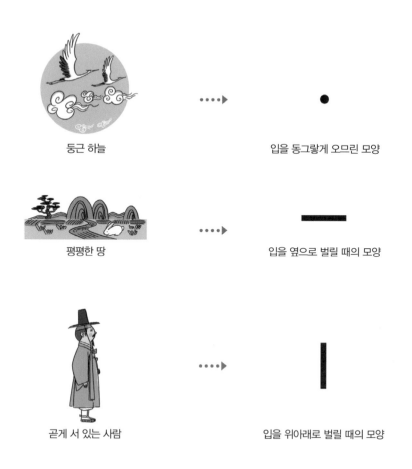

둥근 하늘	입을 동그랗게 오므린 모양
평평한 땅	입을 옆으로 벌릴 때의 모양
곧게 서 있는 사람	입을 위아래로 벌릴 때의 모양

제가 중원을 손에 넣었을 때 조선은 '친명사대(명나라를 대국으로 받들면서 친하게 지낸다)'의 원칙을 지킬 수밖에 없었어요. 그런데 홍무제는 이에 만족하지 않고 여러 가지 까다로운 요구를 하면서 백성을 힘들게 했어요. 심지어 우리나라에서 보낸 사신을 앓아누울 정도로 흠씬 때려서 보내는 일까지 저질렀지요.

그런데 어느 날 왜구들이 배 117척을 몰고 가 명나라 해안가 마을을 쑥대밭으로 만든 사건이 벌어졌는데 홍무제는 그 책임을 조선에 물었습니다. 당시 조정에서는 이 일에 대해 어떤 방법도 찾지 못하고 있었습니다. 그런데 태종이 직접 명나라에 다녀오겠다고 한 것입니다. 이때 신하들의 반대와 염려가 가득했는데 막상 가 보니 홍무제가 태종을 극진히 모셨답니다. 아마도 태종의 인품과 그릇을 알아본 게 아닐까 싶어요. 그 뒤로 세자 책봉에서 밀려나 있던 태종은 정치의 중심 인물로 우뚝 서게 되었지요. 그리고 정도전 등을 제거하고 숙부인 정종을 왕위에 올렸지요. 나중에는 본인이 왕위에 올라 명나라와 관계를 돈독히 하고 저를 형식적인 왕위에 올린 후 막후 정치까지 했답니다. 그런 뒤에는 대마도까지 정벌해서 이후 100년 동안 왜구의 침입도 없었어요. 내가 평화로운 조선을 만드는 데 필요한 모든 바탕을 태종이 만들어 주었습니다. 그러니 태종을 존경하지 않을 수 없습니다. 생각해 보면 내 백성이 행복한 나라로 만들려고 노력했던 이유, 사람들이 저를 성왕이라고 한 이유는 태종의 허물을 갚으려는 노력에서 생겨난 것일지도 모른다는 생각이 듭니다.

사회자 세종 대왕께서는 〈혼천의〉 〈측우기〉 등 세기적 발명품을 내놓기도 했습니다. 이에 관한 이야기도 듣고 싶습니다.

세종 대왕 제가 왕위에 오른 지 4년째 되던 해 1월 1일이었습니다. 구식례를 올리기 위해 대관들과 인정전에 올랐습니다. 구식례는 왕을 상징하는 해가 가려지는 일식을 불길하다고 여겨 해가 다시 나오기를 기원하며 올리던 예식이에요. 그런데 일식이 벌어진 시각은

원래 예상했던 시간보다 약
1각(15분 정도) 가량 늦게
나타났습니다. 그래서 예보
담당관의 곤장을 치라 명령
했는데 예보관이 자신은 정
말 잘못이 없다는 거예요.
역법에 따라 정확히 계산했

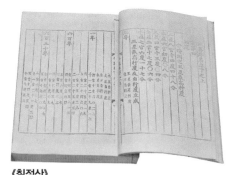

《칠정산》

다면서 억울하다고 했어요. 내가 그때 깨우친 바가 컸습니다. 죄 없는
예보관을 잡을 것이 아니었던 거예요. 중국 역법을 사용했기에 시간이
틀린 것이었어요. 그래서 우리 실정에 맞는 역법을 만들라고 명했고《
칠정산》이라는 역서가 나오게 되었습니다. 〈내편〉은 중국 역대 역법
서적을 비교해서 우리 지리에 맞는 우리 시간을 찾은 것이고, 〈외편
〉은 아라비아 고대 역서를 비교해 가면서 우리 시간을 추적한 책이지
요. 그 이후로 일식이나 월식이 나타날 때 오차가 사라졌어요.

이때 아주 중요한 것을 깨달았습니다. 모든 일에 우리의 자주적 시
각이 필요하다는 거였어요. 특히 우리 눈에 보이는 구체적인 사물의
원리를 찾아내야 우주의 큰 원리에 도달할 수 있다는 공자의 말을 가
슴에 깊이 새겼습니다. 성인이 되고자 한다면 우선 일상의 원리를 잘
알아야 한다고 생각했어요. 그 다음에 원리나 우주의 구성 물질이 무
엇인지 이해할 수 있는 것이지요.

사회자

그런데 궁금한 게 있습니다. 혹시 조선에서 내세운 예악이나 학문

이 백성이 이해하기에는 너무 어렵지 않았을까요? 백성의 삶에 실질적으로 보탬이 되는 것보다 지키기 어려운 예약을 더 강조해서 오히려 백성을 힘들게 했다는 생각도 들거든요.

맞아요. 주희가 제정한 《주자가례》 덕에 조선은 굉장히 많은 시간을 낭비했으며 예법 논쟁으로 아까운 정열을 소비했습니다. 인의예지는 참된 마음으로 실천하는 것입니다. 부처님의 가르침도 마찬가지입니다. 사람을 대하는 마음은 사랑하는 마음이 있으면 충분합니다. 예의를 위한 예의, 명분을 위한 명분은 우리의 앞길을 어둡게 하지요.

백성을 잘 보살피는 길은 우선 백성의 배를 부르게 하고 등을 따뜻하게 해 주어야 합니다. 의식주는 전부 논과 밭과 들에서 나옵니다. 농사가 잘 되어 쌀과 면화가 풍성하면 허기지고 추위에 시달리는 일이 줄어들겠지요. 그래서 원나라, 송나라의 농서들을 우리 토지에 맞게 고쳐서 《농사직설》을 편찬한 거예요. 이 당시에는 전부 한글이 보급되었기에 아녀자도 글을 읽을 수 있었답니다. 농사를 잘 지으려면 장부들의 몸이 튼튼해야 했는데, 중국 사신들이 사무역을 하면서 유통되었던 중국 약재들은 온통 비싼 것뿐이고 우리 풍토에도 맞지 않아서 약효도 좋지 않았어요. 우리나라 사람 몸에는 우리 강산에서 자란 약재들의 효과가 훨씬 좋고 잘 맞았지요. 그래서 우리 약재와 침술을 정리해서 《향약집성방》과 《의방유취》를 펴내 빠르게 보급했어요. 그리고 갑인자라는 활자를 만들게 했는데 태종 때보다 인쇄 기술이

스무 배가량 빨라졌지요.

그런데 농사와 의약이 더 발전하려면 무엇보다 날씨를 정확하게 예측해야 했어요. 날씨의 기본 단위는 시각입니다. 혹시 장영실이라는 과학자에 대해 알고 있나요? 〈앙부일구〉라는 해시계를 만든 사람이에요. 그런데 해가 뜨지 않으면 이 시계가 아무 소용이 없어서 자격루라는 물시계를 만들었어요. 물시계가 있으니 밤에도 북을 울려 사대문 안에 시간을 알릴 수 있게 되었어요. 그리고 이 기계를 응용해 측우기를 만들었어요. 측우기는 각 지방의 강우량을 측정하는 기계인데 비가 오는 양과 시기를 예측해서 각 지방 수령을 통해 백성에게 알렸습니

세종 대왕 때의 발명품과 책들

자격루 자동으로 시간을 알려 주는 장치가 있는 물시계이다.

일정정시의 밤낮으로 시각을 잴 수 있게 만든 시계이다.

앙부일구 조선 시대에 사용하던 해시계로, 바늘의 그림자가 가리키는 눈금에 따라 시각을 알 수 있다.

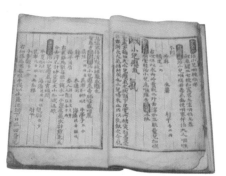

《향약집성방》 우리나라에서 나는 약을 쓸 수 있게 설명한 책이다.

《용비어천가》 〈훈민정음〉 창제 이후 가장 먼저 만든 책으로 조선의 건국 내용을 담은 책이다.

다. 농사에 과학 기술을 응용할 수 있게 시도한 것이지요.

말씀을 듣는 동안 시간 가는 줄을 몰랐습니다. 끝으로 600년 후를 사는 우리에게 해 줄 말씀이 있으신지요.

저는 30년 동안 나라를 다스리면서 중국의 사대친명 정책이 가장 큰 고민이었습니다. 중국에서는 인삼을 내놓아라, 최고급 종이를 내놓아라, 군마는 1만 필을 내놓으라는 등 정말 요구가 많았습니다. 심지어 어리고 예쁜 여자를 수백 명이나 내놓으라는 말도 안 되는 요구까지 있었습니다. 중국에서는 이대로 하지 않으면 군대를 보내겠다는 협박도 서슴치 않았지요. 이런 상황을 헤쳐 나가는 길은 우리가 스스로 강해지고 현명해지는 것밖에 방법이 없었습니다. 그래서 나라를 다스린 지 27년 만에 현자총통이라는 성능이 우수한 대포를 평안도와 함경도 등 전국 곳곳에 약 1만 문이나 설치했어요. 또 북방을 개척해서 여진족들을 토벌하고 이곳에 토지가 없는 백성을 옮기게 해 농토를 개간하는 사민 정책도 펼쳤습니다. 또 최윤덕과 김종서 두 장군의 덕으로 각각 압록강과 두만강까지 영토를 넓혔답니다. 한번은 여진족의 우두머리인 범찰이란 사람이 중국 황제에게 편지를 보내 간청했더군요. 자기의 본거지를 잃었으니 또 다른 부족의 본거지로 돌아갈 수 있게 허락해 달라고요. 김종서는 중국 황제의 말을 거역하면서까지 범찰을 치려고 했지요.

사회자 당시 세종 대왕님의 그 무수한 노력은 저희 후손들도 널리 알고 있습니다.

세종 대왕 하하, 정말 고맙습니다. 제가 가장 강조하고 싶은 것은 언어에서 비롯되어 학문이 발전하면 사람을 교화할 수 있다는 것입니다. 교화된 교양인이 되면 실용 학문에도 자신감이 생길 것입니다. 이렇게 해서 실용 학문이 더 발전하면 생활이 윤택해지고 여유가 생기면 나라를 지키는 힘도 스스로 커질 것입니다. 그리고 문화 또한 더 발전할 것입니다. 박연에게 아악을 정리하게 하고 우리 악기를 만들게 한 것도 그런 이유 때문이었어요. 《용비어천가》의 글귀에 가락과 곡조를 붙인 〈취화평〉〈정대업〉 같은 노래도 그런 이유로 만들었고요.

공자의 말 중에 '망국지음'이라는 말이 있습니다. 청나라의 세태가 간사하고 음란하니 그 나라의 소리 또한 국가가 망할 징조의 소리라는 뜻이에요. 내가 조선을 다스릴 때에는 절대로 그런 소리가 아니었다고 자부하고 있습니다. 여러분도 지금의 음악을 들어 보면 분명히 답이 있을 거예요. 삶이 평화롭고 희망이 넘친다면 음악 또한 그럴 것이고 희망이 없으면 음악은 간사하고 음란할 것입니다. 그리고 우리나라가 주변 대국들에게 의지하는지, 아니면 자주적으로 생각하고 행동하는지도 잘 들여다보면 알 수 있습니다. 어떤 상황에서도 끝까지 인의예지를 떠올려야 합니다. 그것이 바로 하늘을 공경하고 이웃 사람을 사랑하는 마음입니다.

제가 왕위에 있는 동안 마음을 썼던 또 한 가지는 재능 있는 사람들을 각 분야에 적절히 배치하는 것이었습니다. 재능 있는 사람들이란 어떤 분야를 진정으로 좋아하는 사람들이지요. 음악을 진정으로 좋아한다면 평생 하면 됩니다. 음악을 하느라 배가 고프고, 몽골 역사를 공부한다고 해서 배척 받는 일이 생겨서는 안 되지요. 백성의 세금은 공부하는 백성을 위해 사용해야 합니다. 각 분야에서 진정으로 좋아서 하는 학문과 일이 있어야 그것이 씨줄과 날줄이 되어 '한 나라'라는 베를 짤 수 있는 것입니다. 이 베는 어느 한 부분도 성겨서는 안 됩니다. 우리는 하나의 직물이라는 것을 늘 잊지 말아야 합니다. 나뉘어서 나 혼자만 잘 살겠다고 사사로운 욕심을 부리는 순간 그 베에는 좀이 슬고 말 것입니다.

그럼, 제 이야기는 여기까지입니다. 모두가 평화롭고 풍성한 세상이 되기를 바랍니다.

오랜 시간 정말 감사합니다. 지금까지 해 주신 말씀 오래도록 새기며 실천하겠습니다.

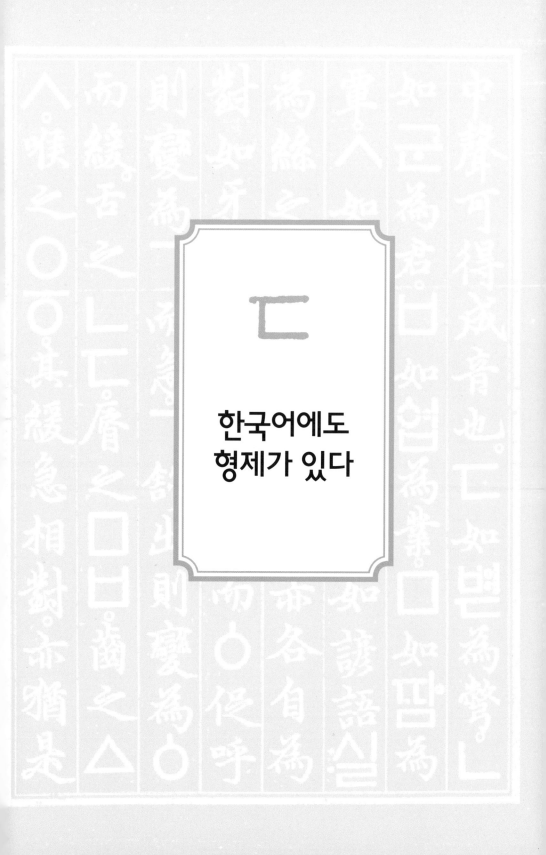

ㄷ

한국어에도
형제가 있다

·
·
·
·

우리말과 글은
우리끼리만 만든 것이 아니다.
몽골, 일본, 중국 등
주변 국가와 서로 영향을
주고받으며 형성되었다.

한국어는 주변 나라의
언어와 연관이 있다

●

한국어에도 형제어가 있을까? 크게 두 가지 사실을 두고 생각해 보면 형제어가 있다고 짐작할 수 있다. 중국인들이 고대 우리나라 조상을 '동이족'이라고 불렀다는 것과 한국어는 '우랄알타이어' 계통이라는 것이다.

기록에 따르면 동이족은 중국 황하 하류 지역에서 살다가 점차 한반도 쪽으로 이동했다고 한다. 중국 고전 중에 《설문해자》라는 책이 있다. 이 책은 중국 동한 시대에 허신이라는 사람이 평생을 바쳐 쓴 책이다. 《설문해자》에는 우리나라 사람들을 가리키는 '이(夷)' 자에 대해 자세히 설명되어 있다. '이(夷)' 자는 크다는 뜻의 '대(大)' 자와 활을 뜻하는 '궁(弓)' 자가 합쳐진 글자이다. 이 글자로 미루어 보면 우리나라는 큰 활과 관련이 있으며 활을 잘 다루는 민족이라는 것을 짐작할 수 있다. 올림픽 양궁 부분에서 우리나라 선수들이 뛰어난 성적을 거두는 것도 혹시 이런 이유 때문이 아닐까. 영화 〈최종병기 활〉에서도 주인공 남이와 만주족 장수 쥬신타는 끝까지 활을 이용해 싸운다. 이 두 사람은 동이족이다.

동이족은 중국의 한족과 일찍부터 접촉하고 교류했고 한족을 학대하고 멸망시키기도 했다. 동이족의 최초 왕조는 하나라이며 그 다음이 은나라이다. 은나라는 상나라라고도 부르는데 은나라가 쇠퇴하자 주나라라고 불리는 새로운 왕조가 은나라와 겨루게 되었다. 은나라의 마지막 황제 주(紂)를 주나라의 두 번째 왕인 무왕이 토벌했다. 이때 은나라의 귀족이었던 기자는 유민을 이끌고 고조선으로 갔다. 이를 보면 기원전 2070년경부터 기원전 1046년까지 중원 대륙에서 활약한 민족은 우리 민족의 조상인 동이족이었을 가능성이 높다.

은나라에는 큰 짐승의 넓적다리 뼈나 거북이 등껍질을 불에 그을려서 나타나는 모양을 보고 점을 치던 관습이 있었다. 이것이 갑골 문자의 기원이 되었고, 갑골 문자는 한자의 기원이 되었다. 그러니 한자는 중국의 글자라기보다는 여러 민족의 공동 창조물이며 우리 조상도 깊게 관여했다고 봐야 한다.

갑골 문자

그런데 고조선으로 간 기자는 유민들과 그곳 백성들에게 예의와 베짜는 법, 팔조금법을 가르쳤다고 한다. 팔조금법은 사람이 해서는 안 되는 여덟 가지 법으로 《성경》의

52

십계명과 비슷하다. 그런 가운데 어느 날 무왕이 기자를 찾아왔다. 기자는 무왕에게 '홍범구주'를 전했다. 홍범구주는 아홉 가지 위대한 법, 큰 법이라는 뜻으로 유교 경전인 《서경》에 실려 있다. 이 책에는 봉황·용·음양오행 등 동양 문화의 바탕이 자세히 실려 있다. 동양 문화 정신의 원류는 우리의 조상인 동이족의 작품이다. 무왕은 동이족이 세운 은나라를 멸망시켰다. 그런데 굳이 멸망시킨 나라의 현자인 기자를 굳이 만난 이유가 무엇일까? 당시 최고의 문명을 소유하고 있는 종족은 한족이 아니라 동이족이었다. 동이족 지도자의 인정을 받아야 무왕이 세운 주나라의 정통성이 바로 설 수 있기 때문이었다. 그리고 이때부터 동이족은 중국 중원에서 쫓겨나고 대신 이 자리를 현재 중국 민족의 주류인 한족이 차지하게 되었다. 또 은나라의 후예들은 중국 북방으로 옮겨 가 한반도, 요동 지방, 몽골 초원, 일본 열도까지 흩어졌다. 그러다 힘을 합쳐 다시 중원을 노려 두 차례나 차지했는데, 하나는 칭기즈 칸이 세운 원나라이며 나머지 하나는 누루하치가 세운 청나라다. 이들 역시 은나라의 후예들이다. 이 민족의 공통점은 어릴 적에는 엉덩이에 몽고반점이 있다는 것이다.

또 하나는 이들이 우랄알타이 계열의 언어를 사용한다는 것이다. 우랄알타이 언어에는 한국어, 몽골 어, 만주어, 일본어, 퉁구스 어, 터키어가 속해 있는 것으로 추측된다. 은나라가 멸망한 뒤 기자가 유민과 고조선으로 갔을 때 고조선의 영토는 현재 중국의 동북쪽까지였다. 고조선을 선택한 은나라의 유민들은 시간이 지나면서 한국, 일본, 만주, 몽골 등으로 갈라졌을 것이고 서쪽으로 간 유파들은 수준 높은 문명을

전해 주면서 터키 쪽에 정착해서 먼저 살던 주민들과 합쳐진 것으로
추측하고 있다.

우랄알타이어의 특징

●

그럼 우랄알타이어는 어떤 언어이고 어떤 특징이 있을까? 바로 교
착어가 있고 존경어가 발달했다는 점이다. 이는 우리말의 특징과 아주
비슷하다. 교착어의 특징은 말의 뿌리인 어근이 절대로 변하지 않으며
어미에 따라서 단어의 상황이 바뀐다.

'먹는다.'를 예로 들어 보면 '먹–'이라는 말의 뿌리는 그대로이고, 뒤
에 오는 어미 '–는다, –다, –었다, –고, –자' 등만 바뀐다. 같은 계통의

언어인 일본어도 마찬가지이다. '먹다.'를 뜻하는 '다베루'도 '다베-'는 그
대로이고 '-루, -마스, -테' 등만 바뀐다. 이렇게 변화하는 말꼬리가 변
하지 않는 어근에 아교처럼 달라붙어 있다고 해서 교착어라고 한다.

숙종 임금 때 김지남이라는 역관이 있었다. 이 무렵 조선은 임진왜
란과 병자호란을 겪고 조금씩 그 상처가 아물고 있던 때였다. 그리고
일본에서는 임진왜란을 일으킨 토요토미 히데요시의 세력이 사라지
고, 토쿠가와 이에야스가 그 자리를 대신하고 있었다. 토쿠가와 이에
야스는 조선의 높은 문물을 적극적으로 받아들여 나라를 안정시키는
데 반영하고자 했다. 이에 몇 번이나 조선 정부에게 편지를 보내 조선
통신사를 파견해 줄 것을 요청했다. 김지남은 이때 활약했던 인물로
일본어, 만주어(청나라 말), 몽골 어에 능통했다. 유럽 사람들 중에 프

랑스 어, 독일어, 영어, 에스파냐 어 등 4개 국어를 하는 사람이 많다. 이는 앞서 말한 네 개의 언어가 형제어라서 다른 언어보다 쉽게 익힐 수 있기 때문이다. 우리도 조선 말기에 아시아 중심의 세계관이 서구 세계관으로 바뀌기 전까지는 어학을 하는 사람들은 대부분 만주어, 일본어, 몽골 어에 능숙했다.

숙종 때 청나라에서는 강희제가 나라를 다스리고 있었다. 그리고 일본에서는 토쿠가와 막부 정권이 막 수립되었다. 이를 에도 시대라고 한다. 에도 시대는 토요토미 히데요시가 임진왜란에서 진 뒤 무사들에게 엄청난 고통을 안겨 주면서 시작되었다. 임진왜란이 치러지는 7년 동안 일본 내부 사회도 곪을 대로 곪아 있었다. 이에 무사들이 반발해 세키가하라 전투가 벌어졌다. 이때 토요토미 집안을 토쿠가와 이에야스가 완전히 무너뜨리고 새 정권을 세운 것이다. 이때부터를 에도 막부라고 한다.

우리나라도 숙종·영조·정조를 거쳐 순조 초기(1674~1800년 무렵)까지는 학문과 문화 예술이 성대히 꽃을 피운 시기였다. 백성은 평안했고 대외 관계도 좋았다. 청나라는 1661년부터 1795년 강희제·옹정제·건륭제가 다스렸던 시기가 가장 좋은 시기였다. 문화가 융성하고 모든 것이 풍요로웠다. 일본에서도 에도 막부의 정치인들은 조선의 학문을 받아들여서 학문의 수준이 꽤 향상되었고 백성의 어려움을 달랠 줄 아는 정권으로 바뀌어 갔다.

이 시기에 김지남은 통신사로 일본을 방문하기도 했고, 연경에는 동지사(해마다 동짓달에 중국으로 보내던 사신)로 파견되기도 했다. 강희

56

제는 1681년 중국 내부에 일어난 세 번의 난을 모두 진압하고 오배라는 정적을 없애면서 황제가 되었다. 그래서 숙종이 강희제가 황제에 오른 것을 축하하기 위해 1682년 진하사 자격으로 김지남을 보낸 것이었다. '진하사'란 중국 황실에 경사가 있을 때에 축하의 뜻으로 보내던 사절이었다. 그렇게 청나라에 방문한 김지남은 깜짝 놀랐다. 청나라는 대만에 이어 화남 지방까지 완전히 손에 넣은 뒤였다. 화남 지방은 하이난 · 광둥 · 광시 등 중국 남쪽에 있는 크기가 어마어마한 해안가를 가리킨다. 지금의 광저우 · 홍콩 · 마카오가 있는 지역이다.

그런데 우리나라 말의 형제 언어를 이야기하는 데 왜 이런 역사를 알아야 할까, 김지남이라는 역관은 왜 등장했을까? 아주 중요한 사실이 있다. 김지남이 청나라에 연행사로 갔을 때 매우 이상한 소식을 들었다. 강희제가 백두산에 신하들을 보내서 제사를 지냈다는 것이다. 중국에서는 황산, 여산, 태산이 명산이자 신령한 산으로 이름나 있다. 중국 황제들은 나라에 걱정이 있을 때 주로 태산에서 제사를 지냈다. 그런데 강희제는 무엇 때문에 백두산에서 제사를 지낸 것일까? 황제에 오른 지 15년 만(숙종 3년)에 강희제는 신하 무묵납을 백두산에 다녀오게 했고, 그 다음 해에 제사를 지냈다. 이유를 자세히 알아본 김기남은 놀라운 사실을 알게 되었다. 청나라를 세운 누르하치의 성은 애신각라이다. 만주어로 '애신'은 '금'이라는 뜻이다. 그리고 '각라'는 성을 뜻한다. 따라서 '애신각라'는 '김 씨'라는 뜻이다. 그리고 애신각라는 글자를 그대로 풀이하면 '신라를 사랑하고 기억하자.'는 뜻도 있다. 이런 사실을 미루어 짐작해 보면 청나라 황제 집안은 신라 왕실의 후예일 수도 있다는 추측이 가능해진다.

　고려에서는 왕건이 왕위에 오르고 경주에서 집권하던 신라 귀족들은 일본이나 만주로 살 곳을 찾아 떠났다. 사실은 쫓겨난 것이었다. 그때 만주로 옮겨 간 후예 중 하나가 바로 누르하치 집안이다. 청나라의 원래 국명은 '후금(後金)'이었다. 2대 황제 홍타이지부터 청으로 바꾸었다. 여하튼 후금은 김 씨가 세운 두 번째 왕조라는 뜻이 담겨 있다. 첫 번째는 김유신 등이 세운 신라이며, 두 번째는 바로 자신들이라는 것이다. 한글에 대한 이야기를 하면서 이러한 역사를 꺼내는 까닭은 우리말은 우리끼리 만든 것이 결코 아니라는 것을 말하고 싶어서이다. 주변 나라와 연결되어 있고 서로 영향을 주고받으면서 형성된 것이다.

우리말은 주변 국가와
형제어로 연결되어 있다

●

이제 우리말이 형제어와 밀접한 관계가 있는 몇 개의 예를 들고자 한다.

우리말 '골'은 골짜기로 계곡을 뜻한다. 이 말은 몽골 어로는 '홀로(holo)'라고 하고, 만주어로는 '콜(kol)'이라고 한다. 또 만주어의 '어룬(urun)'은 며느리라는 뜻인데 만주에서는 며느리를 어른처럼 대접했다고 한다. 그리고 몽골 어의 '우라한(ulahan)'은 큰 어른을 뜻한다. 이런 점들을 보면 어룬과 우라한은 우리말인 어른과 깊은 관련이 있다는 것을 알 수 있다.

그런데 여기서 '한'은 칭기스 칸의 칸과도 관계가 있다. 칸은 왕, 곧 족장이라는 뜻이다. 족장이라는 말은 신라 시대의 '거서간(혹은 거슬한)'에서 나온 말이다. 거서간은 신라의 시조 박혁거세의 왕호로 '간'과 거슬한의 '한'은 족장 혹은 왕, 임금을 가리킨다. 만주어에서도 왕을 가리켜 '한(han)'이라고 하며, 몽골 어에서는 '하란(haran)'이나 '칸(khan, qayan)'이라고 부른다.

또 '캄(kam)'이나 '감(gam)'이라는 단어도 기원을 알고 보면 재미있는 사실이 있다. 신라 시대의 향가에 '이사금(尼師今)'이라는 말이 있다. 이사금은 왕이라는 뜻으로 이사금의 '금'은 나중에 임금으로 변했다. 이사금은 이질금 혹은 치질금이라고도 했는데, 고대 신라에서는 임금

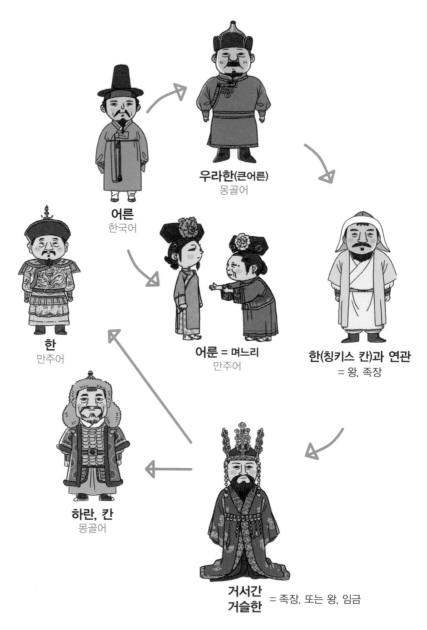

어른
한국어

우라한(큰어른)
몽골어

한
만주어

어룬 = 며느리
만주어

한(칭키스 칸)과 연관
= 왕, 족장

하란, 칸
몽골어

거서간
거슬한 = 족장, 또는 왕, 임금

우리나라 말 '어른'은 몽골 어나 만주어와 연결되어 있다. 더 나아가 보면 지도자를 뜻하는 말의 어원이기도 하다.

60

을 뽑을 때 떡을 입에 물어보게 했다. 그런 뒤 치아 모양이 가장 많이 찍힌 사람을 이사금으로 추대했다고 한다. 원래 고대 사회는 제정일치 사회로 왕은 하늘에 제사를 지내는 사람이고 하늘의 명령을 받아서 현실에서 정치를 실행하는 사람이었다. 일본어에 이와 유사한 뜻이 담긴 '가미카제'라는 말이 있다. 여기에서 '가미'는 신을 뜻한다. 즉 임금을 가리키는 것이다.

그리고 더 나아가 보면 원래 은나라의 후예인 고조선 사람들은 곰을 숭배했다. 곰이 바로 신이었다. 지금도 은나라의 후예 중에 러시아 캄차카 반도에 사는 한티족은 곰을 숭배하며 살아간다. 먼 옛날 곰은 호랑이와 함께 숲을 지배하는 동물이었을 수도 있다. 옛 사람들은 곰과 호랑이가 싸우는 것을 보고 호랑이보다 곰의 힘이 세다는 것을 알게되었다. 그렇다 보니 곰은 곧 신이며 곰을 섬기는 족장이 임금인 것이다. 곰은 타타르 족의 언어로는 '캄(kam)'이다. 만주어와 몽골 어에서는 이를 '감(gam)'이라고 한다. 이 둘은 모두 무당 혹은 제사장이라는 뜻이 담겨 있다. 이 곰이라는 단어는 우리에게는 임금을 가리키는 말이 되었고, 타타르 족에게는 '캄(kam)'이라는 제사장을 뜻했다. 그리고 곰은 일본에서는 '구마'라는 말로 변했다. '구마'는 다시 '가미', 곧 신을 뜻하는 말이 되었다. 일본에 구마모토라는 도시가 있는데 부산과 거리가 아주 가깝다. 이 도시의 이름에 담긴 뜻은 곰의 근본, 곧 '신이 사는 곳'이라는 뜻이다. 옛날, 한반도에서 곰을 섬기던 민족이 이주해서 정착한 곳이기에 그런 뜻이 담겨 있는 것이다.

고대 일본어도 우리말에서 갈래가 나뉘었다는 추측을 할 수 있다.

우리말 '나'는 고대 일본어에서 '나(na)' 혹은 '아나(ana)'라고 발음한다. '우리'는 '와레(ware)', '너'는 '오노(ono)'라고 하는 등 발음이 상당히 비슷하다. 특히 이것을 가리키는 '이'는 고대 일본어에서도 '이(i)'라고 해 완벽히 일치한다. 또 우리말 '섬(島)'은 '시마(shima)'라고 하는데 지금도 그대로 쓰고 있다. '밭(田)'은 '바타(bata)', 여러분 할 때의 '여러(衆)'는 '요로(yoro)'라고 했다. 또 '바다(海)'는 '와타(wata)'라고 발음한다. 심지어 숫자를 세는 서수의 경우 현대 일본어는 고대 한국어(백제어)와 일곱 개가 유사하거나 일치한다.

현재 일본에서는 백제를 '구다라(kudara)'라고 발음한다. 고대 백제 사람들은 일본에 살면서 백제를 '큰 나라'라고 하며 섬겼다 그런데 '큰 나라'가 발음이 안 되어 '구다라'로 변화한 것이다. 학자에 따라서는 고대 백제어로 '크다라'는 '큰 나라'라는 뜻이라고 보는 사람도 있다. 그리고 신라는 '시라기'라고 발음하고 있다. 앞서 말한 사실을 종합해 보면 현재 일본인들은 신라에게 쫓겨난 고구려, 백제 유민들이 서로 싸우고 화해하는 과정에서 만들어진 국가로 볼 수도 있다. 그러니 크게 생각해 보면 그들은 우리 형제일 수도 있다. 청나라는 신라의 후예임을 스스로 이야기하기도 했다. 형제간의 다툼보다 불행하고 아픈 것은 없다. 일본과 청나라가 우리를 그토록 못살게 군 까닭이 혹시 이런 이유 때문이었을까? 우리 역사는 몇 차례 큰 고초를 겪었다. 한번은 몽골에게, 한번은 만주족에게, 한번은 일본에게 그랬다. 이제는 조상이 처음에 누렸던 승리를 되찾고 지킬 차례이다.

2

디지털
정보 시대와
한글

·
·
·
·

한글은 과학적이고
체계적으로 글자를
조합할 수 있어 일본어나
중국어에 비해
무려 일곱 배나 빠른
처리 속도를 자랑한다.

한글은
합리적인 글자

●

우리나라 글자는 다른 나라 글자와 어떻게 다를까? 중국의 한자는 사물의 모양을 본뜬 상형 문자로 그 속에 뜻이 있고 따로 음이 있는데 누가 만들었다고 말하기 어려울 정도로 저절로 오랜 시간에 걸쳐 글자가 형성되었다.

중국에서 쓰는 한자의 경우 그 숫자가 수만 개에 이른다. 한 사람이 일생을 다 바쳐도 글자를 모두 익힐 수가 없다. 중국의 문맹률이 25퍼센트를 넘는다는 사실이 이를 뒷받침한다.

미국에서도 10명 중에 7명만이 글을 읽을 수 있다고 한다. 글을 쓸 수 있는 비율은 이보다 낮다. 그런데 우리나라의 문맹률은 아주 낮은 편이다. 글을 못 읽는 사람이 거의 없다. 이 사실을 전 세계의 언어학자들이 기적으로 받아들인다.

중국어의 경우에는 아무리 공부를 많이 해서 글자를 많이 알더라도 디지털 환경에서 업무를 보는 데 불편한 점이 있다. 우리나라 사람과 일본 사람, 중국 사람에게 같은 양의 정보와 업무량이 주어졌다고 가

정해 보자. 이 업무를 컴퓨터를 통해 처리한다면 일본이나 중국에 비해 우리나라 사람들의 속도가 일곱 배나 빠르다고 한다. 이는 한글이 과학적이고 체계적인 데서 그 이유를 찾을 수 있다. 28개의 글자만으로 소리 나는 대로 표기하는 게 가능하니, 뜻과 음을 헤아려 가며 글자를 조합하는 경우보다 당연히 속도가 빠르다. 이렇게 한글은 요즘처럼 하루가 다르게 발전하는 디지털 문화 환경에도 적합한 글자이다.

중국 문화는 짧게는 5000년, 길게는 3만 년에 걸쳐 축적되고 발전해 왔다. 그런데 하·은·주 3대의 시대에 대한 역사는 문자로 기록되지 않아서 알 수 없다. 한문도 이때부터 발전되었고 정식으로 기록을 확인할 수 있다.

반면, 한글은 세계를 통틀어 창제 목적과 이유를 분명히 알 수 있는 유일한 문자이다. 세종 대왕과 한글 창제에 참여한 학자들이 〈훈민정음〉에 대해 기록으로 명확히 밝혔기 때문이다. 그리고 백성이 손쉽게 익힐 수 있게 배려한 완벽한 글자여서 아무리 칭찬을 해도 부족한 하나의 예술 작품이다.

문자는 보통 크게 '표음 문자'와 '표의 문자'로 구분한다. 표음 문자에는 서구 문명을 일으킨 알파벳과 일본의 가나 체계, 그리고 한글이 있다. 대표적인 표의 문자는 중국의 한자이다. 알파벳은 영어, 프랑스어, 독일어, 이탈리아 어, 에스파냐 어 등 유럽 전체에서 사용하고 있다. 이 글자는 자음과 모음으로 이루어져 있으나 글자를 하나하나 옆으로 나열해 하나의 단어를 표기한다. 그런데 한글은 하나의 소리는 한 글자로 나타낼 수 있다. 일본의 가나는 알파벳보다 훨씬 많이 나열

된다. 서양 언어나 일본어는 소리나 발음을 정확히 표현하는 데 한계
가 있다.

　일본의 가나는 자음과 모음이 미리 합쳐져서 존재한다. 그런데 글자
의 수가 무려 46개에 이르며 가타카나를 포함하면 92개나 된다. 더욱
이 소리와 발음을 정확히 표기할 수도 없다. 김치, 불고기, 맥도널드와
같은 일상어조차 이상하게 표기한다. 중국어는 이보다 더 심각하다.
아예 정확하게 표기하고 읽는 게 불가능하다. 맥도널드가 중국에 들
어오면 그에 맞게 표기 방법을 정해야 한다. 그런데 중국에서는 글자
의 한계 때문에 맥도널드를 '맥당로(麥當勞)'라고 표기하고 '마이당라오
(Maidanglao)'라고 읽는다. 중국에 놀러 온 미국인은 맥도널드 매장을
찾기 위해 이 두 가지를 모두 알아야 한다.

　그러나 한글은 19개의 자음과 21개의 모음을 사용한다. 이 40가지

문자를 조합하면 11172개의 소리를 정확히 표기할 수 있다. 앞 장에서 이미 밝힌 것처럼 한글은 초성·중성·종성으로 구성된 예술적인 배치와, 천·지·인이라는 자연의 원리를 바탕으로 이렇게 합리적인 글자를 만들어 냈으니 정말 놀라울 따름이다.

디지털 환경에서
더 빛나는 한글

●

한글의 우수성은 디지털 환경에서 더욱 빛난다. 그 이유는 한글이 조합어라는 사실도 큰 몫을 하고 있다. 하나의 소리를 하나의 글자로 표기할 수 있는 완벽한 구조 덕분이다. 자음과 모음의 결합은 마치 음과 양의 결합처럼 서로 필요한 부분을 보완한다. '알파벳'을 예로 들어 보면 'alphabet' 이렇게 여덟 자로 길게 늘어진다. 하지만 자음과 모음이 결합한 우리말은 세 글자로 완벽하게 표기할 수 있으며 발음 또한 정확하다. 일본어도 알파벳과 사정이 다르지 않다. 가나 체계로 표기해 보면 'アルファベット'라고 일곱 자로 길게 늘어진다. 중국어의 경우에는 '라마자모(羅馬字母)'라고 표기하고 '뤄마쯔무(Luomazimu)'라고 읽어야 해서 복잡하다.

오늘날과 같은 글로벌 환경에서는 전 세계의 정보가 모여서 새로운 의미를 더해 가며 발전한다. 어제의 일이 내일도 계속될 수 있는지는 아무도 모른다. 정보 이론이라는 것이 있다. 여기에는 정보량이라는 개념이 있는데 '해가 뜬다.'는 개념은 정보량이 아주 적은 문장이다. 내일 해가 뜨는 것은 아주 분명한 사실이기 때문이다. 비가 와도 해는 뜬다. 해가 보이지 않는 것은 구름에 가렸기 때문이다. 해가 뜨면 낮이 된다는 사실 또한 분명하다. 그런데 '내일 아이유가 결혼한다.'는 문장은 정보량이 크다. 그것은 일어나기 매우 어려운 일이며 예측하기도 어려운 경우이다.

지금 우리의 정보 환경은 정보량이 매우 높은 쪽으로 발전하고 있다. 우리가 미처 예상하지 못한 사건들이 줄지어 일어난다. 지금 이 순간에도 정보의 양은 한없이 쌓이고 있다. 이에 잘 대처하려면 빠르고 정확한 디지털 기술이 꼭 필요하다. 그렇기에 한글이 디지털 기술에 최적화된 문자 체계라는 사실은 눈여겨볼 부분이다.

한글은 무엇 때문에 디지털 환경에 그토록 잘 어울리는 것일까? 바로 태생이 비슷하기 때문이다. 컴퓨터의 연산 방식은 0과 1로 이루어진 이진법 체계이다. 0과 1의 조합으로 모든 것을 표현하고 계산한다. 은나라 때 동이족이 만들었다고 전해지는 《역경》의 주역 체계도 양효와 음효 두 개로 세상 만물의 이치를 파악한다. 사실 이 주역 체계는 서양 선교사를 통해 서구에 전해졌고 라이프니츠 같은 철학자가 더 현대적으로 체계를 갖추었다. 그것이 20세기에 와서 컴퓨터의 연산 방식으로 발전한 것이다.

그런데 세종 대왕도 글자를 만들 때 인체 발음 기관을 본떠 자음을 만들었고 모음에는 천지인의 원리를 담았다. 인체의 발음 기관을 본뜬 자음이 하나의 음효로 작용해 서로 보완해 가며 의미를 완성한다. 이렇게 생성 원리가 비슷하다 보니 컴퓨터와 한글은 매우 잘 어울릴 수밖에 없다.

컴퓨터로 업무를 처리할 때 중국어나 일본어에 비해 한글이 일곱 배나 빠르다는 통계는 가볍게 지나칠 일이 아니다. 연산과 표기 방식이 빠르다는 것은 업무의 효율을 높일 수 있고, 수도 없이 발생하는 다양한 정보(노이즈)를 의미 있는 정보(하모니)로 체계화하는 가장 기초적인 수단이다.

600여 년 전 세종 대왕의 놀라운 안목 덕분에 우리는 지금의 경쟁 사회에서 유리한 위치를 차지하고 있다.

口

우리가
말과 글자 없이
생각할 수
있을까?

말은 하는 순간
사라지지만
글은 기록되기에 오래 남는다.
따라서 깊은 사고가
담긴 생각은
글로 남길 수밖에 없다.

말과 글을
잘 사용해야 한다

●

　동양 경전 중에 《대학》이라는 책이 있다. 이 책에는 '마음이 없으면 보아도 보이지 않으며, 들어도 들리지 않으며, 먹어도 그 맛을 알지 못한다.'는 구절이 있다. 이 말은 보는 것은 눈이고 듣는 것은 귀이며 맛보는 것은 입이고 이것을 전체적으로 지휘하는 바탕이 마음이라는 말이다. 걱정이 태산처럼 가득한 사람은 아무리 맛있는 음식을 먹어도 맛을 느끼지 못할 것이다. 월드컵 경기에서 한국 선수가 골을 넣는 순간 텔레비전 화면 말고 방 안의 어떤 것도 눈에 들어오지 않는 것 같은 상황이다. 듣는 것도 마찬가지이다. 만화책에 빠져드는 순간 밥 먹으라고 부르는 소리는 잘 들리지 않는다. 우리의 시야와 감각은 모든 것을 향해 완전히 열려 있는 것 같지만 사실은 밤을 비추는 플래시 불빛과 같다. 집중하는 부분만 볼 수 있다.

　《대학》에서는 집중하는 상태를 '마음'이라고 정의했다. 그런데 마음이 얻은 감각을 올바르게 정리해서 우리의 기억에 저장하고, 그 감각을 올바르게 표현해 주는 중요한 수단이 있다. 이렇게 올바르게 정리하는 순간을 '생각'이라고 하고 올바르게 표현하기 위해 순간순간 결정을 내리는 일을 '판단'이라고 한다. 이 일을 모두 말과 글자가 진행한다.

말과 글자를 얼마나 정교하고 논리적으로 사용하는가에 따라 사람의 수준이 달라진다. 말과 글자는 조리 있게 생각하도록 도와주고, 조리 있는 생각은 앞으로의 나의 삶에도 영향을 미친다.

학교의 교실을 예로 들어 보자. 교실에는 친구들이 있다. 나와 가까운 친구도 있고 먼 친구도 있다. 나와 가까운 친구들은 처음부터 왠지 모르게 마음이 끌렸던 친구들이다. 말투가 거칠거나 인상이 안 좋거나, 예쁘거나 안 예쁘거나 하는 것은 중요한 문제가 아니다. 그냥 그 사람에게 끌린 것이다. 어쩌면 멋지고 똑똑하고 운동을 잘해서 끌렸을 수도 있다. 그런데 그 이유를 논리적으로 설명하는 것은 매우 어렵다. 어떤 알 수 없는 인연에 끌렸을 수도 있고 그냥 온 감각과 느낌이 끌려 마음이 움직인 것일 수도 있다. 이런 마음의 과정을 거쳐야 비로소 친구를 사귈 수 있다. 이렇게 친구를 사귀는 데에도 계획과 조리가 필요하다. "같이 축구 할래? 같이 매점에 가서 뭐 좀 먹을래?" 등의 대화가 필요하고 그 다음에는 무엇을 할지도 생각해 봐야 한다.

그리고 계획과 조리와 생각은 말이나 글자, 즉 언어가 있어야 가능하다. 머릿속의 생각을 언어로 잘 정리해야 한다. 계획과 조리가 잘 전달되어야 사람 사이에 친밀감이 형성되고 오해가 생기지 않는다.

교실을 예로 더 설명해 보면 교실을 보는 눈은 사람마다 다르다. 우선 교실에 들어오는 사람은 선생님과 학생, 물건을 고치거나 전구를 갈아 주는 아저씨와 외부인이 있다. 선생님은 교과를 가르치는 사람이다. 그래서 눈에 우선 들어오는 것은 학생들의 태도이다. 이를 먼저 파악하고 난 다음 지식을 전달한다. 이 지식은 무엇이 되었든 말과 글자로 이루어져 있다. 감정을 전달하는 것도 언어이다. 학생은 말과 글을 쌓아가는 과정에 있다. 어떤 종류의 말과 글을 쌓느냐에 따라 학생의 미래가 결정된다. 수학적 말과 글에 재능과 흥미가 있어서 이공계로 가는 학생이 있고, 문학적 말과 글에 관심이 있어 그 분야에 대한 말과 글을 더 쌓으려는 학생도 있을 것이다. 심지어 체육이나 음악, 미술 같은 과목도 말과 글의 영향을 벗어나기는 힘들다.

야구 같은 운동도 말과 글이 없다면 배울 수 없다. 메이저리그 같은 큰 경기는 타자나 투수의 행동 하나하나를 말과 글로 분석한다. 그림

도 무작정 그리는 것이 아니라 학습을 통해서 본질을 배워 나간다. 분석하고 생각하면서 실력을 쌓아 능숙해지는 것이다. 이 능숙함을 만들어 주는 운송 수단이 바로 말과 글이다. 분석은 말과 글로 한다. 얼개라는 단어가 있다. 어떤 것의 짜임새나 구조라는 뜻인데 말과 글, 즉 언어가 생각의 얼개이다. 학생은 생각, 즉 말과 글이라는 생각의 얼개를 만들어 가는 과정에 있는 사람들이다.

교실에 가끔 들어오는 수위 아저씨의 눈에는 학생과 선생님이 먼저 들어오지 않는다. 전구, 책상, 의자, 칠판, 냉난방기 등 교실을 구성하고 있는 시설에 먼저 신경을 쓴다. 이 부분에만 집중하도록 말과 글로 업무를 파악했기 때문이다. 직업에는 귀하고 덜 귀한 것이 없다. 모든 사람이 제 갈 길을 간다. 하지만 말과 글의 얼개를 어떻게 쌓느냐에 따라 나의 길이 달라진다. 사기꾼에게도 그들만의 언어가 있으며 생각의 얼개가 있다. 정치가나 농부도 마찬가지이다. 우리가 세계를 바라보고 이해하게 만드는 주된 무기가 바로 말과 글, 즉 언어이다.

그런데 언어에는 몸짓도 있고 말도 있고 글도 있다. 몸짓보다 말로 표현하는 데 더 깊은 사고가 필요하다. 그런데 글은 말보다 훨씬 깊은 사고가 필요하다. 몸짓과 말은 곧 사라지지만 글은 오래 남는다. 요즘에는 말을 녹음해 남기는 경우도 있지만 본질적으로 말은 하는 순간 사라진다. 그래서 높은 사고가 담긴 생각은 말보다 글로 남길 수밖에 없다. 이런 것을 보면 말과 글의 수준이 곧 사람의 수준을 나타내는 기준이 된다. 인간 사회에 쌓이고 쌓인 경험과 인품은 말과 글로 남는다. 그 이유는 경험을 읽고 배워야 비로소 사람이 사람다워지기 때문이다.

글은 생각하는
힘을 키운다

●

세종 대왕은 백성이 가여워 글을 창제했다고 했다. 글을 모르면 자신의 생각을 조리 있게 나타낼 수 없기 때문이다. 백성이 자신의 생각을 조리 있게 표현하지 못하면 지배층 혹은 지도층에게 일방적으로 지배당할 수밖에 없다. 최만리가 《훈민정음》을 창제하는 것을 그토록 반대했던 이유도 그 때문이다.

"전하, 백성이 글을 알고 깨우치면
우리의 말을 들으려고 하겠습니까?"

이 말을 듣고 세종 대왕은 이렇게 답했다고 한다.

"백성은 내 자식들이다.
자식이 잘 되는 것을 싫어할 부모가 어디 있더냐.
내가 백성이 무지에 빠진 꼴을 보고만 있다면
나는 부모가 아닌 것이나 마찬가지이다.
그렇다면 네 말은 내가 백성의 부모가 아니라는 것이냐?"

그러고는 세종 대왕은 최만리를 감옥에 가두었다가 다음 날 바로 풀어 주었다. 물론 최만리는 나중에 이 일을 반성했다.

서양에서는 1940년대만 해도 글을 읽고 쓸 줄 아는 사람이 드물었다. 중세 때는 오로지 성직자 계급만 글을 읽고 썼다. 농노들과 상인들은 성직자들의 지배를 받았다. 농노들은 빵과 포도주를 성직자에게 바치지 않으면 지옥에 간다고 알고 있었다. 그러나 《성경》의 어떤 구절에도 그런 내용이 없다. 고작 교회에서 성직자들이 일요일마다 들려주는 설교를 듣고 저절로 겁을 먹은 것이다. 그들은 아프고 병들어 고통스러워지면 성직자들에게 기도해 달라고 애걸했다. 그 대가로 빵과 포도주와 노동을 바쳤다.

그들은 글자를 몰랐기에 멀리 시집간 딸에게 편지를 쓸 수도 없었고 억울한 일을 당해도 호소할 방법이 없었다. 그리고 하느님의 뜻과 기적은 교회의 그림을 보며 배웠다. 그 그림은 보는 이에 따라 다른 생각을 할 수 있기에 사람들에게 큰 두려움을 안겼다. 그러나 글은 그림이라는 두려움의 봉인을 여는 열쇠가 되었다. 두려움을 떨쳐 버리면 이성으로 세상을 판단할 수 있다. 글은 곧 이성의 다른 이름이다. 그림 속에는 이야기가 있다. 그러나 말과 글이 없으면 그림 속의 이야기를 정확하게 파악할 수 없다. 그림 속의 이야기는 말로 풀면 정확히 이해할 수 있다. 말로 풀이된 이야기는 글자로 기록할 수 있다. 다시 말하면 보관되는 것이다. 글로 보관된 이야기는 반드시 인과관계가 뒷받침되어야 한다. 그리고 인과관계를 파악하는 데는 이성이 큰 역할을 한다. 이성은 세상의 인과관계를 파악하면서 만들어진다. 그래서 이성은 말과 글, 즉 언어가 만들어 낸 것이다.

지배층이 피지배층에게 배우고 익히기 쉬운 글자를 만들어서 가르친 예는 인류 역사상 우리나라가 유일하다. 글자를 배워서 책을 읽기 시작하면 이성이 발달한다. 그러면 세상에 대한 판단력이 생기고 옳고 그름에 대해서 생각할 수 있게 된다. 그리고 세상을 폭넓게 이해할 수 있는 기준이 만들어진다. 세종 대왕이 글자를 반포한 것은 믿음이 있었기 때문이었다. 백성을 사랑과 지혜, 정의와 예의로 다스린다면 백성이 아무리 똑똑해져도 지도자를 믿고 따를 것이라는 확신이 있었다.

　　이렇게 앞을 내다볼 줄 아는 지도자 덕분에 우리 선조는 농사짓는 법을 익히고, 어떤 병에 어떤 약재를 먹어야 하는지 정보를 얻고, 억울한 일을 당하면 상소를 올렸다. 그것으로도 해결이 안 되면 동네방네 방을 붙여 뜻을 모으기도 했다. 또 길고 긴 겨울 농한기에는 《춘향전》

과 《흥부전》을 보았고, 《삼국지》에서 나오는 조자룡의 무예 이야기도 읽을 수 있게 되었다. 그리고 나라에 어려움이 있을 때마다 끝까지 굴복하지 않고 극복할 수 있었던 이유는 바로 우리의 언어가 생각하는 힘을 길러 주었기 때문이다.

ㅂ

한글은
팔방미인

●

●

●

●

'한글'은 세계의
알파벳이며, 한국의 높은
문화 수준을 보여 주는 상징이자,
어느 한 나라의 업적을 뛰어넘는
중요한 의미가 있다는 점에서
세계의 선물이기도 하다.

한글의 대한
세계의 평가

●

한글은 우리의 영혼을 담아 놓은 그릇이다 그런데 이 그릇이 얼마나 자랑스러운지 우리는 정작 잘 모른다. 1989년 유네스코에서는 '킹 세종 프라이즈'를 설립해서 인류의 문맹 퇴치 사업에 공헌한 인물과 단체 등에 상을 주고 있다. 인류가 세종 대왕의 정신을 두고두고 본받자는 뜻이다.

또한 1996년에는 중요한 국제 학술 대회에서 한글을 세계 공용 문자로 사용하자는 토론이 언어학자들 사이에서 벌어졌다. 그 토론이 있은 뒤 한글의 우수성이 세계 학자들에게 널리 인식되었다. 그리고 이 듬해인 1997년 10월 유네스코는 《훈민정음》을 세계 기록 문화유산으로 지정했다. 한글과 세종 대왕은 한국인만의 자랑이 아니다. 세계가 인정한 업적이 된 것이다.

제러드 다이어먼드라는 인류학자가 있다. 이 학자가 쓴 《총·균·쇠》라는 책은 1997년 처음 출간된 뒤 지금까지도 베스트셀러로 손꼽히는 책이다. 현재도 최고의 지성으로 여겨지는 제러드 다이어먼드는 한글

인도네시아 부톤섬 까르야바루 초등학교에서 한글을 이용한 찌아찌아 어 수업이 이루어지고 있다.

을 두고 인류 역사상 단 하나뿐인 초이성적 문자 체계라고 칭찬했다. 그리고 1994년에 최고의 권위를 자랑하는 과학 학술지 《디스커버리》에 한글의 과학적 원리와 실용성, 배우기 쉽고 읽기 쉬운 가독성에 대해 분석한 글을 실었다. 만약 이십 대로 돌아간다면 한글과 한국어를 배우는 것이 가장 하고 싶은 일이라고 했다. 더 놀라운 주장은 세계의 문자를 하나로 합쳐야 한다면 반드시 한글이어야 한다는 것이다. 이와 비슷한 사례로 인도네시아의 찌아찌아 부족을 들 수 있다. 이 부족은 한글을 표기어로 사용하고 있다. 로마자로는 표기할 수 없었던 음을 한글로는 표기할 수 있어서라고 한다. 지금 그 부족의 아이들은 한글을 배우는 데 매우 열정적이다. 로마자를 배우는 것보다 한글을 배우는 것이 훨씬 쉽고 재미있기 때문이라고 한다.

《대지》라는 소설로 노벨 문학상을 받은 미국의 소설가 펄 벅은 중국에서 오랫동안 살았는데 이때 한국에 관심이 생겨 한글을 배우기도 했다. 펄 벅은 한글을 가리켜 이렇게 말했다.

"세상에서 가장 단순하면서도 위대한 문자 체계이다.
24개의 부호가 목구멍에서 만날 때 인간의 모든 소리를
거의 담아 낼 수 있다."

세계 명사들의 한글 예찬은 여기에서 그치지 않는다. 시카고 대학에
는 제임스 맥콜리라는 언어학자가 있다. 이십 대에 시카고 대학 교수
가 된 수재인데 한글을 가리켜 이렇게 평가했다.

"한글은 최고의 언어이면서
세계의 문자들 중에 독특한 위상을 차지하고 있다.
이렇게 정교한 음소 문자가 1440년대에 발명됐다는 것은
정말 놀라운 언어학 업적이다."

제임스 맥콜리는 10월 9일 한글날을 기념하고 있는 것으로도 유명
하다. 한글날 동료 학자들, 제자들, 친구들을 집으로 초대해 한글의 우
수성을 소개하고 세종 대왕의 업적을 기리고 있다.

또 미국 메릴랜드 대학의 로버트 램지 교수 역시 한글에 감동을 받고
연구해 왔다. 언어학자인 램지 교수는 한글에 대해 이렇게 평가했다.

"한글은 소리와 글이 서로 체계적인 연계성을 지닌
과학적인 문자이다. 그리고 어느 문자에서도 찾을 수 없는
위대한 업적이자 기념비적 사건이다.

한글은 세계의 알파벳이며 한국의 높은 문화 수준을 보여 주는
상징이기도 하지만, 어느 한 나라의 업적을 뛰어넘는
중요한 의미가 있다는 점에서 세계의 선물이기도 하다."

또 램지 교수는 한글의 자음인 'ㄱ, ㄴ, ㄷ' 등은 실제 발성 기관의 모
양을 그대로 본떴기에 소리와 글이 체계적인 연관성을 갖고 있다고 했
다. 하지만 영어 알파벳의 경우 't'와 'd'는 두 글자가 발음상 어떤 연관
이 있다고 짐작할 만한 단서가 없다고 했다. 그러면서 세종 대왕이
〈훈민정음〉을 통해 보인 인본주의 정신과 교육에 대한 보편적인 믿음
도 중요하게 여겼다. 세종 대왕은 백성이 누구나 글을 읽고 쓰고 또 여
성들까지도 글을 깨우쳐야 한다는 보편주의적 시대정신을 지니고 있

었다는 점을 눈여겨본 것이다. 그러면서 이런 사상은 지금으로 보면 당연하지만 당시 지배 계급의 눈에는 시대 상황을 잘못 이해한 것으로 보이는 말도 안 되는 일이었을 거라고 설명했다. 이처럼 세종 대왕의 생각은 당시로서는 상상도 할 수 없는 혁신이자 상식을 파괴하는 일이었다.

한글을 예술로
승화시킨 사람들

한글의 우수성을 말할 때 모양의 아름다움을 이야기하지 않을 수 없다. 한글을 처음 대하는 외국인들은 한글을 보고 어떤 느낌을 받을까? 한글의 첫인상은 어떠할까?

서울 시내 한 대학교 어학당에서 우리말을 배우는 외국인 학생들에게 물어보았다. 스웨덴에서 온 울리카라는 여학생은 한국의 아이돌에게 반해 관심을 갖고 한글을 공부하게 되었는데, 한글의 시각적 느낌이 정말 깔끔하고 멋있다고 했다. 지금도 한국 문학이나 시를 읽기 위해 책을 펼치기만 해도 기분이 좋다고 한다.

또 러시아에서 온 이반이라는 남학생은 고려인 친구 덕분에 한글을 접했다고 한다. 친구가 먼저 한국에 공부하러 가느라 모스크바를 떠났고 친구를 만날 겸 한국에 놀러 왔는데, 거리의 간판이나 식당의 메뉴를 보면 한글의 모양이 정말 사랑스럽다고 했다. 일본에서 온 유리나라는 여학생도 마찬가지였다. 한국인 친구가 자신의 이름을 한글로 써주었는데 '유리나'라는 글자의 모양이 정말 예뻤다는 것이다. 우리는 한글이 얼마나 예쁘고 멋진지 못 느끼는데 외국인들은 신기함 그 자체라고 입을 모았다.

그런데 이토록 시각적으로도 뛰어난 한글을 예술로 승화시키는 사람들이 있다. 먼저 이상봉이라는 세계적으로 유명한 패션 디자이너는 한글을 모티브로 옷을 디자인하고 있다. 티셔츠에 시나 특정한 글귀를 프린트하거나 겉옷과 바지에 한글을 수놓았다. 전 세계를 돌며 펼쳐지는 이상봉 디자이너의 패션쇼에는 늘 한글에 대한 찬사가 뒤따른다. 패션 전문가들은 이상봉의 옷은 한글이 매력적인 디자인 요소로 자리해 관객을 사로잡는다고 설명한다.

이상봉이 2006년 파리 컬렉션에서 선보인 옷으로 이때 처음 한글을 패션에 접목했다.

프랑스 〈르 파리지앵〉지는 1면에 이상봉의 파격적인 패션쇼를 실어 세계의 관심을 끌었다. 이상봉의 디자인에 사로잡힌 해외 스타로는 리한나, 레이디 가가, 비욘세 등이 있다. 그런데 이상봉은 왜 한글을 패션 디자인의 요소로 사용한 것일까?

이상봉이 최초로 한글을 디자인 요소로 사용한 90년대에는 한글을 이렇게 사용하는 것에 대해 곱지 않은 눈으로 바라보는 사람이 많았다. 이상봉은 디자인 요소로 한글을 사용한 이유는 정체성 때문이라고 했다. 한국인이 가장 자랑스럽게 여기는 한글은 외면하고 왜 영어나 한자를 디자인 요소로 사용하는지에 의문을 품은 것이다. 지금은 낯설지만 나와 우리 민족, 우리나라를 표현한 옷을 언젠가 우리나라 사람들을 비롯해 전 세계 사람들이 좋아하게 될 것이라고 믿었다고 한다. 현재 이상봉의 한글 디자인 패션쇼는 밀라노, 런던, 파리 등에서 열리는 유명 패션쇼에서 늘 초대하고 싶어 하는 일 순위 행사가 되었다.

그리고 유승호라는 화가가 있다. 이 화가는 동서양의 명화를 한글로 다시 그리는 작업을 하고 있다. 중국 북송 시대의 그림 중에 곽희가 그린 〈조춘도〉라는 그림이 있다. 이 그림의 제목에 담긴 뜻은 이른 봄날의 풍경화이다. 이렇게 옛날의 대가가 그린 그림을 현대에 다시 해석하는 것을 '오마쥬'라고 한다. 이 과정을 통해 옛 선배에게 존경과 헌사를 나타내는 것이다. 〈조춘도〉는 예술적 가치가 정말 뛰어난 그림인데 유승호는 크고 작은 한글로 그림의 선을 나타냈다. 조그만 한글 자체는 점이며 이 조그만 한글들이 겹쳐지면 선이 된다. 그리고 한글을 겹쳐 만든 선은 다시 겹쳐 면이 되고, 이 면은 바위, 흙, 나무, 계곡이 된다. 그런데 그 형태가 곽희의 〈조춘도〉와 완벽하게 똑같다. 유승호가 이런 작업을 하는 이유는 한글의 의미를 되새기기 위한 것이다. 가령 〈조춘도〉에 나오는 계곡물은 '시원하고 청명해.'라고 쓴 한글로 그렸고, 나무들은 '햇살을 머금은 푸르름'이라고 쓴 한글로 이루어졌다. 그리고 이 글씨들이 한데 조합되어 멀리 떨어져서 보면 이 그림은 〈조춘도)로 표현되는 것이다. 유승호는 이런 방법으로 추사 김정희의 〈세한도〉는 물론 미국의 현대 미술가 윌렘 드쿠닝의 〈여인〉을 재현했다. 이렇게 작업한 유승호의 그림은 세계 여러 나라에서 눈여겨보는 작품이다.

한글을 예술에 사용하는 경우는 이 밖에도 많다. 한글 서체 디자이너로 유명한 안상수 교수는 윤명조 · 윤고딕 · 네이버 나눔고딕을 만들었으며, 강익중이라는 화가는 아이들의 그림과 한글을 사용해서 미술의 상상력을 최대한 끌어올렸다. 또 유다솜, 최정호, 채규인, 손민정 등 수많은 문화인이 곳곳에서 다양한 방법으로 한글의 시각적 아름다움을 알리고 있다.

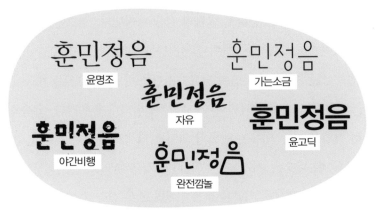

다양한 서체로 표현한 훈민정음

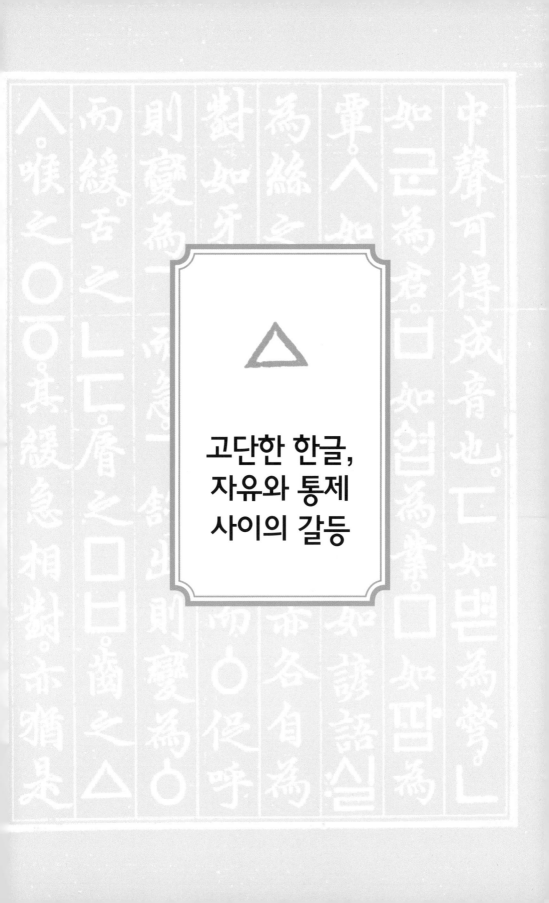

고단한 한글,
자유와 통제
사이의 갈등

역사적으로
여러 사건을 겪으며 우리 말과
글에는 크게 6개의 의식
지층이 쌓였다. 따라서
세대와 세대의 생각이 다르고
사용하는 언어 자체도
바뀌어 버렸다.

옛날과 달라진 한글

●

미국과 영국의 학교 교육 목표 중 가장 중요하게 여기는 두 가지가 있다. 바로 숫자 계산과 글쓰기이다. 이 두 가지는 성인이 되어 사회생활을 하는 데 꼭 갖추어야 할 필수 조건이라고 생각한 것이다.

숫자 계산을 잘해야 하는 이유는 자본주의 사회를 살아가는 데 필수 항목이기 때문이다. 돈은 숫자로 구성되어 있기에 공부를 잘하건 못하건 누구나 익혀야 한다.

문제는 글쓰기이다. 글쓰기는 사람에 따라 수준이 다르다. 사람의 수준을 나누는 기준은 아무래도 숫자 계산 능력보다 글쓰기에 비중을 더 두게 된다.

미국의 경우 글쓰기를 잘하기 위해서 권하는 방법이 몇 가지 있다. 우선 명문을 많이 읽으라고 한다. 그중 킹 제임스 버전이 쓴 책《성경》을 여러 번 읽으라고 권한다. 이미 여러 명의 노벨 문학상 수상자가 이 책에서 문장을 배웠다고 고백하기도 했다. 두 번째도 역시 명문으로 꼽히는《위대한 개츠비》나 에밀리 브론테의《폭풍의 언덕》을 읽으라고 한다.

이런 이야기를 하는 까닭은 2000년 전에 쓰여 1611년에 완성된 킹 제임스 버전의 글이 오늘날의 글에도 영향을 미친다는 사실이다. 두 번째로 에밀리 브론테의 소설은 1800년대 초기에 쓴 것으로 지금으로부터 200년 전의 책이다. 그리고 《위대한 개츠비》는 지금으로부터 약 100년 전의 글이다. 그런데 이 글들이 지금까지 살아남아 영향을 주고 있다. 영어는 세상 사람들이 가장 많이 사용하는 언어이기에 대단히 변화했을 것 같지만 사실은 그렇지 않다. 그래서 위에서 말한 세 가지 책은 여전히 꼭 읽어야 할 책으로 꼽히고 있으며 현대 문법과 대화 방법을 기준으로 살펴봐도 큰 차이가 없다.

그럼 비슷한 시기에 우리나라에서 쓴 책은 어떨까? 2000년 전에 쓰여 1447년에 간행된 《석보상절》이라는 책이 있다. 부처의 생애를 다룬 책으로 세종 때 간행되었다. 《석보상절》은 《법화경》의 내용을 한글로 옮긴 것이다. 초기 한글의 형태를 살펴볼 수 있는 중요한 기록이다. 그리고 에밀리 브론테와 거의 비슷한 시기에 쓴 것으로 《한중록》이라는 책이 있다. 정조의 어머니 혜경궁 홍씨가 말년에 남편 사도 세자의 억울한 죽음과 자기 인생의 회한을 담은 자서전이다.

이 시기의 남성들은 사대부를 중심으로 연경에서 한시를 수입해서 읽었다. 철학서인 《중용》이나 《논어》도 한문으로 읽었다. 그들은 한문으로 생각하

《석보상절》 세종의 비 소헌 왕후의 명복을 빌기 위해 석가의 전기를 한글로 옮긴 책으로 조선 전기의 한글 연구에 귀중한 자료이다.

고 한문으로 글을 쓰며, 한글은 언문이라고 낮춰 부르며 부끄럽게 여겼다. 그래서 이 시기의 한글 문학은 여인들이 주도했다. 특히 《한중록》은 궁중 문학, 아니 당시의 한글 문학을 대표하는 작품으로 손꼽힌다. 그런데 이 책은 한 구절만 들여다보아도 지금 사람들은 읽기 힘들 정도로 형태와 어투가 다르다. 1795년에 쓴

《한중록》 원문

글이기에 어언 200년 전이라는 사실을 감안해도 읽기 어렵다. 한글인데 번역이 필요할 정도로 그때의 언어와 지금의 언어가 너무 많이 바뀌었기 때문이다.

그럼 시대를 훌쩍 넘어 1920년대로 오면 어떨까? 이때 한국 소설의 대가들을 꼽으라면 이광수, 염상섭, 현진건, 나도향, 김동인 등을 들 수 있다. 이광수는 당시 한국 최고의 지식인이며 천재였고 훌륭한 문학가였다. 《무정》《마의태자》《원효 대사》 등 최고의 문학 작품을 남겼다. 염상섭 역시 《만세전》을 통해서 사실주의 문학을 선보였다. 같은 시대를 살았던 현진건과 김동인도 재미있는 단편 소설을 남겼다. 그러나 요즘 우리가 쓰는 글과 표기법, 상투어들이 큰 차이가 있다. 너무 많이 바뀌고 너무 빨리 바뀌었다. 왜 그런 것일까?

한글에는
층위가 있다

●

흙은 시간이 지나면서 여러 층이 쌓여 땅을 이룬다. 따라서 먼저 쌓인 지층 위에 그 다음 시기의 지층이 쌓이고, 또 다음 시기의 지층이 쌓인다. 우리가 살고 있는 지층 아래에는 조상이 살던 땅의 지층이 묻혀 있다. 이처럼 우리가 지금 사용하고 있는 한글과 국어에도 여러 개의 층이 있다.

미국은 나라의 근본 정신이 기독교로, 킹 제임스가 1611년에 성경을 완성했을 때의 기본 정신과 현재의 기본 정신이 크게 다르지 않다. 기독교는 자유·평등·박애를 가르쳤고 이는 민주주의와 크게 부딪히지 않았다. 그리고 미국의 청교도적 기독교는 자본주의의 신념과도 잘 맞는다. 노력을 통해 정당하게 경쟁하고 부를 쌓고 자유를 누린다는 신념 자체는 그대로인 것이다. 그래서 미국의 언어적 지층은 하나이다.

하지만 우리나라의 경우는 다르다. 조선 시대의 정신을 지탱한 근본 사상은 유·불·선 삼교인데 그중 가장 큰 힘을 발휘한 사상은 단연 유교이다. 국가가 내세우는 사상을 국시라고 하는데 조선의 국시는 유교였다. 유교는 남녀의 역할에 차별이 있는 것을 당연하게 여겼고 신분제도 엄격하게 지켰다.

그런데 18세기에서 19세기에 이르는 동안 서구의 과학 기술과 사상이 조금씩 들어오기 시작하더니, 철종이 집권할 즈음에는 그야말로 실학사상이 꽃을 피웠다. 그러다 19세기 말에는 서구의 침략을 받았고 20세기 초반에는 일본에 강제 병합되었다. 그후 무려 36년 동안이나 강제로 지배를 받았다. 이때 1909년부터 1945년에 해방을 맞기까지 우리는 좋으나 싫으나 일본의 영향을 받았다. 그리고 얼마 뒤 한국 전쟁을 겪은 뒤에는 미국의 영향까지 크게 받았다.

이런 역사적 사건들을 살펴보면 우리에게는 크게 네 가지 의식 지층이 있다. 첫째, 유교로 대표되는 조선 사대부들의 의식 지층이다. 집안이나 계층에 따라 차이가 있을 수도 있으나 보통은 여자는 배우지 않아도 된다는 의식이 자리하고 있었다. 성별에 따라, 계층에 따라 배우는 것을 제한한 것이다. 둘째, 다음 세대인 19세기 말 개화기 사상가들의 의식 지층이 있다. 셋째, 일제 강점기에 일본으로 유학해 공부한 새로운 지식인들의 의식 지층이다. 마지막으로 1950년부터 미국과 유럽으로부터 학문을 배운 지식인들의 의식 지층이 있다. 그리고 1990년대부터 현재까지 컴퓨터를 사용해 외국 문물을 받아들이거나 자유롭게 해외여행을 하거나 유학을 가 받아들인 서구 정신의 지층도 새로 쌓이고 있다.

가치관 역시 마찬가지이다. 하나의 사상으로 쭉 이어져 온 것이 아니라 심하게 단절되는 등 여러 일을 겪었다. 유교에서는 인의예지를 배웠고, 일본 제국주의로부터는 황국신민 사상의 영향을 받았다. 또 미국으로부터는 자유주의를 받아들였고 이제는 세계 속에서 무한경쟁을 하고 있다. 이처럼 지층이 단일하지 않고 하나로 통일되지 않아서 각각의 지층마다 정신 자체가 다르다 보니 사용하는 말까지 달라졌다.

　우리가 세조 시대의 한글 문학과 200년 전의 혜경궁 홍씨의 문학을 읽기 어려운 이유는 정신 자체가 바뀌었기 때문이다. 정신은 세계를 바라보는 방법이다. 하지만 세계를 바라보고 해석하는 방법 자체가 크게 바뀌었는데 마음속 깊은 곳에는 그 정신이 여전히 남아 있다. 우리는 자유주의를 열망하면서도 무한경쟁을 두려워하고, 민주주의 국가이면서도 일제의 잔재인 군사 독재를 버리지 못했다. 그리고 자유주의를 원하면서 담배를 피우는 여성을 두고 싫은 소리를 하기도 한다. 이 모든 게 짧은 시간 동안 많은 변화를 겪었기 때문이다. 그래서 세대와 세대의 생각이 크게 다르고 그들간에 사용하는 언어 자체도 바뀌어 버렸다.

　이렇다 보니 우리에게는 국어와 한글을 대하는 두 가지 입장이 있다. 국어 순화주의와 자유방임주의로 나뉜다. 먼저 국어를 정화해야 한다는 국어 순화주의는 국어의 문법과 단어를 적절한 체로 걸러야 한다고 주장한다. 국어와 한글은 국민의 정신을 담는 그릇이기 때문에 비속어나 은어, 품위를 훼손하는 단어나 어법을 걸러야 한다고 한다.

그리고 자유방임주의는 언어에는 보이지 않는 힘이 있어서 그대로 두어도 바른 길을 가게 된다는 입장이다. 자유방임주의는 비속어·은어·정서 파괴적 단어라도 그 시대의 삶이 반영되기에 그 자체로 의미가 있는 입장이다. '안습(안구에 습기가 찬다는 말의 줄임말로 눈물이 난다는 뜻), 웃픈(웃기는데 슬프다) 현실, 안구 정화(눈을 깨끗하고 맑게 한다는 말로, 보통 인터넷에서 매력적인 사람이나 멋진 풍경 사진에 쓰는 말), 헬조선(지옥을 뜻하는 영어 hell과 조선의 합성어로 살기 힘든 대한민

국을 풍자하는 말)'과 같은 말은 요즘 등장한 말이다. 앞의 순화주의의 시각에서 보면 이런 단어들은 문법이 어긋나서 세대 간의 소통을 방해하는 단어이기에 걸러야 한다고 주장한다. 하지만 자유방임주의 시각에서는 이러한 단어들이 언어의 상상력을 확장시킨다고 생각한다. 신세대들의 세계를 반영한 것이니 어른 세대에서도 배워야 할 것들이라는 주장이다.

한글에도
자유가 있을까?

●

우리가 읽는 책은 어느 정도 검열을 거친 글이다. 책을 출간할 때 편집 과정을 거치기 때문에 검열 과정이 따를 수밖에 없고 이 과정에서 순화의 힘이 작용한다. 하지만 인터넷에서 쓰는 글은 편집이나 검열을 거치지 않기 때문에 표현이 자유롭다. 의식하지 않았지만 저절로 자유방임주의의 지지를 등에 업었다.

우리가 지금 쓰고 있는 한글과 국어를 위에서 내려다보면 층이 여러 개 겹쳐 있다. 그래서 종적으로 보면 조선 시대의 유교적 정신문화를 근본으로 삼는 국어, 일제 시대에 영향을 받은 일본어식 국어, 나아가 미국의 자유주의적 사상과 영어식 표현을 어떻게든 받아들여야 했던 세대들이 만들어 낸 국어, 최근에는 글로벌 사고의 영향까지 받은 국적 불명의 국어가 뒤섞여 있다. 또 횡적으로는 검열을 거친 출판계의 순화된 국어와, 인터넷 문화가 주도하는 자유방임주의적 국어가 서로 대치하고 있다. 따라서 우리는 대략 6개의 커다란 지층을 쌓아 놓고 한글과 국어를 사용하고 있다.

한글의 역사가 이토록 짧은데 그 폭과 층이 어마어마하게 커진 현상

을 어떻게 봐야 할까? 긍정적으로 보면 그만큼 우리의 역사는 변화가 많았고, 짧은 시간 동안 크게 발전한 것으로 봐도 될 것이다. 그러나 이 역동성 뒤에 숨어 있는 여러 가지 요소는 그냥 흘려 넘길 수 없다. 자유와 통제 사이에서 창조적 조화를 이루는 일은 더 나은 내일로 가는 중요한 과정이다. 국어와 한글을 올바르게 사용하는 일이야말로 후세대로 이어지는 정신적 유전자이기 때문이다.

현재 세계에서 가장 많이 사용되는 언어는 사용하는 인구가 가장 많은 중국어이다. 그리고 두 번째로 많이 사용하는 언어는 영어로, 영어는 세계 공용어이다. 그래서 각 민족의 관습이나 언어 습관, 세계관이 영어 속으로 침투했다. 미국 흑인들이 사용하는 영어와 독일인이 사용하는 영어, 인도인이 사용하는 영어가 각각 다르다. 그럼에도 불구하고 미국인들이나 영국인들은 정통이라고 생각하는 영어 체계를 유지한다. 문학·역사·철학과 같은 인문학의 전통을 가꾸고 보존하고 있기에 가능하다. 인문학은 민족의 정신이다. 그래서 미국이나 영국은 과학 기술 못지않게 인문학을 중요시하고 있으며, 세계의 리더 역할을 하고 있다. 이것만 보더라도 언어와 지식, 언어와 정신 수준은 떼어 놓고 생각할 수 없는 관계이다. 따라서 우리가 미래에 인류를 위해 공헌하는 민족이 되기 위해서 우리의 말과 글을 현명하게 가꾸어야 한다는 것은 아무리 강조해도 지나치지 않다.

ㅇ

가꿈의 미덕

・
・
・
・

말과 글은
우리의 생각을 담는
그릇이다. 따라서 말과 글을
아름답게 가꾸는 것은
우리의 생각을 아름답게
가꾸는 것이다.

언어는 우리를
아름답게 만든다

　연예인들은 일반 사람보다 여러 면에서 외모가 뛰어나다. 아름다운 얼굴, 좋은 목소리, 뛰어난 가창력, 비율 좋은 몸매와 옷 맵시까지 많은 것을 갖추었다. 그중에는 바른 성품과 아름다운 마음씨까지 갖춘 사람도 있을 것이다. 이들의 외모는 그냥 타고난 것일까? 그리고 이들의 재능은 하늘이 내린 아주 특별한 능력일까? 연예인들의 대답을 들어 보면 90퍼센트 이상 노력하고 가다듬었다고 한다. 연예인이 된 후 외모를 가꾸다 보면 점점 더 예뻐지기 마련이고, 또 많은 사람에게 사랑 받다 보니 더 예뻐졌다는 것이다.

　사랑에 빠진 사람들의 경우도 마찬가지이다. 남자건 여자건 사랑을 하고 있을 때는 그렇지 않을 때보다 훨씬 아름답다. 그리고 같은 사람이 한 요리여도 사랑을 하고 있을 때 한 요리가 훨씬 맛있다고 한다. 마음속에서 좋은 에너지가 나오기 때문이다. 이는 과학적으로 분석한 결과로도 증명되었다. 사랑하거나 사랑 받으면 좋은 에너지가 샘솟고 이 에너지는 외모를 더 빛나게 하고 자신감을 더해 준다. 이 놀라운 결과는 바로 '가꿈'에 있다.

 그럼, 아름다운 외모는 미용실에 자주 가거나 예쁜 옷을 입어 꾸미면 누구나 가질 수 있는 것일까? 혹시 마음이 아름다우면 저절로 외모가 빛나지 않을까? 물론 예쁜 여자 중에 악녀가 있을 수 있고, 잘생긴 남자 중에는 사기꾼이 있을 수도 있다. 그리고 노트르담의 꼽추처럼 추한 외모를 가졌더라도 마음씨는 비단결보다 아름다운 사람도 있을 것이다. 그렇다면 우리는 어떤 사람을 매력적이라고 생각하는 걸까? 바로 마음을 아름답게 유지하는 사람이다. 이런 사람은 외모까지 매력적으로 느껴진다.

 사람의 얼굴과 몸, 팔다리는 근육과 뼈로 이루어져 있다. 그리고 근육과 뼈는 조직으로 이루어져 있다. 조직은 고분자가 모여서 만든 것이다. 고분자는 낮은 단계의 분자들이 이루어 낸 것이다. 분자는 원자로 이루어져 있다. 원자는 광자이나 중성미자와 같은 미립자들이 겹치면서 생긴 것이다. 이 미립자들은 더욱 나뉘어 초미립자가 된다. 그리고 이 초미립자는 파장으로 이루어져 있다. 우리가 일상에서 쓰고 있는 컴퓨터 마우스, 화장품, 밥과 국 같은 것도 결국은 파장이다. 그리고 우리 몸도 파장이다. 우리가 실제 존재하기 때문에 우리를 가리켜 '리얼리티'라고 한다.

 반면 팬시한 상상이나 컴퓨터 속의 게임은 가상이다. 그러나 이러한 구분도 이상할 수 있다. 우리 몸도 결국 파장이며 우리 몸은 실재라기보다 파장인 홀로그램이다. 그래서 우리는 본질적으로 가상일 수도 있다.

그렇다면 우리의 생각은 어떠할까? 인간의 생각의 작용은 어떠한 복합적 신경 물질이 뇌에서 복잡하게 조합된 결과일 것이다. 신경 물질도 분석하면 원자, 미립자, 초미립자, 파장의 단계를 밟는다. 그렇다면 우리의 생각도 파장으로 볼 수 있다. 좋은 생각은 좋은 결과를 만들어 낸다. 인간만 생각하는 것이 아니다. 돌고래의 지능은 초등학생 이상의 수준이라고 한다. 새, 강아지, 말은 물론 개미, 나비, 풀벌레, 지렁이까지도 생각을 한다. 양자역학에 의하면 심지어 물질도 생각을 한다.

내가 연필을 아끼면 연필은 반드시 나에게 보답을 한다. 내가 물질을 남용하면 반드시 물질의 보복을 받는다. 컵에 물을 따라놓고 사랑한다고 말하면 물은 우리 몸에 이로운 육각형 결정으로 변한다. 물에게 미워하는 마음을 투사하면 물의 결정은 깨진다. 이 물을 마시면 우리 몸의 균형도 깨진다.

내가 좋은 생각을 하면 나의 외모도 좋게 변한다. 특정 분야에서 일하는 사람의 얼굴을 유심히 살펴보자. 학자의 얼굴은 학자처럼 생겼고 화가는 화가처럼 생겼다. 내가 삶을 버리면 삶은 나에게 패배자라는 신분을 준다. 내가 시인의 마음으로 우주를 아름답게 느낀다면 우주는 나를 시인이 되게 해 준다. 이렇듯 나의 외모는 나의 마음이 결정해 준다고 말해도 지나치지 않는다. 아름다움은 형태가 아니다. 성형외과에서 만들어 주는 형태는 더욱 아니다. 아름다움은 빛이며 에너지이다. 우리는 사람에게서 풍기는 빛과 에너지를 가리켜 매력이라고 한다.

앞에서 말과 글은 우리의 생각을 담는 그릇이라고 했다. 생각은 언어로 이루어지며 생각의 깊이는 언어로 가꾸어진다. 그렇다면 우리의

생각을 담는 우리의 말과 글을 아름답게 가꿔야 하는 것은 당연한 일이다. 우리가 말과 글을 아름답게 가꾸고 진실한 마음으로 생각을 담는다면 우리 자체가 아름다워지는 것이다.

글쓰기는 노력이다

●

1930년대에 활발히 활동한 소설가 중에 이태준이라는 소설가가 있다. 〈아무 일도 없소〉 〈불우선생〉 〈꽃나무는 심어 놓고〉 〈달밤〉 〈손거부〉 〈가마귀〉 〈복덕방〉 등의 뛰어난 단편 소설을 남겼다. 특히 1946년도에 완성한 〈해방 전후〉는 당시 우리나라 사람들이 느끼는 고통을 사실적으로 담은 작품으로 간결하면서도 호소력 있는 문장으로 특히 유명한 작품이다.

이태준의 소설에 등장한 인물들은 하나 같이 가난하고 무기력하지만 인간미가 가득한 마음이 착한 인물들로, 자신의 어려움을 헤쳐 나가려는 의지가 강하다. 이렇게 이태준이 보통 사람에게서 우리나라 사람들의 아름다운 심성을 찾아낸 것은, 가난한 백성을 가엾게 여겼던 세종 대왕의 마음과도 통하는 부분이다.

이태준은 1939년부터 〈문장〉이라는 문학 잡지에 〈문장강화〉라는 글을 연재했다. 이 글은 우리나라 글을 어떻게 사용해야 힘이 생기며 아름답게 쓸 수 있는지 언어에 관한 여러 생각과 이론을 정리한 글이다.

그중 주요 부분을 뽑아 보면 다음과 같다.

제1강 '문장 작법의 새 의의'에서는 1920년대에 사용하던 문어체 문장을 버리고 새로운 문장을 찾고 연구하라고 했다. 하나의 제재가 있다면 그 제재와 조화를 이룰 수 있게 사실적이고 개성이 있는 구어체 문장을 쓰라고 했다. 그러면서 말과 글이 하나가 되는 것을 중요하게 여겼다. 말은 글처럼 깊이 생각하면서 말해야 하며, 글은 말처럼 생생하게 살아 있어야 한다는 것이다. 무엇보다도 새 시대의 감각에 맞는 문장이 필요하다고 주장했다. 그러니 글을 쓸 때에는 깊이 생각해서 말하고 생명력이 있는 생생한 글을 써야 한다며 시대의 고민과 즐거움, 그리고 가야 할 길에 대해서도 끊임없이 생각하라고 했다.

《문장강화》

제2강 '문장과 언어의 문제'에서는 제재에 어울리는 용어를 찾아 쓰라고 했다. 심지어 사투리도 적절히 사용하면 생각했던 효과를 잘 표현할 수 있을 거라고 했다. 아무래도 우리나라에서 표준어보다 사투리를 쓰는 사람이 훨씬 많고, 사투리를 사용하면 현실성을 담을 수 있어서 글에 개성과 인간미를 풍길 수 있다고 생각한 것이다. 또 한 가지 중요하게 강조한 것은 우리말의 특징 중 하나인 의성어와 의태어를 잘 살려서 감각적인 사실성을 표현하라고도 했다. 그리고 한자 어투와 외국어를 표기할 때 어떤 점을 주의해야 하는지도 설명했다.

제3강 '운문과 산문'에서는 시와 산문은 각각 나름의 흐름과 구조가 있다는 점을 말했다. 아무리 복잡하고 읽기 어려운 글도 이 흐름을 타면 충분히 소화할 수 있다는 방법을 알려 준 것이다.

제4강 '각종 문장의 요령'에서는 일기·편지·감상문·신문 기사·기행문·추도문·식사·논설·수필 등 글의 종류에 따라 문장 쓰는 법을 설명했다. 구체적으로 경험한 내용을 예로 들어 써야 문장에 진실성이 실린다는 점을 강조했다.

그리고 제8강 '문체'에서는 우리 고전과 근대 문학의 대표적 작품들을 예로 들며 문체를 설명했다. 문체는 영어로는 스타일(style)이라고 하는데 원래 스타일이라는 말은 고대 이집트에서 시작된 것으로 '스틸루스(stilus)'가 어원이다. 스틸루스는 양의 가죽으로 만든 양피지에 흠집을 내서 글씨를 각인시킨 철필이다. 종이가 없었던 옛날에는 나의 생각과 느낌을 다른 사람에게 전달하기 위해서 이렇게 엄청난 노력을 기울였다. 그 과정에서 나만의 글쓰기가 이루어진다. 글쓰기는 노력 속에서 맺어진 나만의 생각 열매이다.

따라서 스타일은 나의 생각과 느낌, 내가 바라보고 해석하는 세상을 가리킨다. 내가 바라보는 세상과 내가 해석하는 세상은 단 하나뿐이다. 따라서 내가 해석한 단 하나의 세상을 가리켜 인격이라고 한다. 그렇다면 문체, 즉 스타일은 바로 인격과 같은 말이다. 그렇다면 나의 글쓰기는 바로 나의 인격, 곧 나의 사람됨이다.

이처럼 이태준은 현대에 와서 우리 글을 어떤 식으로 다루어야 할지 고민하고 있었다. 역사적으로 많은 사건을 겪으며 변화한 우리 글이 본래의 정신을 잃어버리지 않고 시대에 맞춰 잘 가꾸어지기를 바란 것이다.

"글은 그 사람이다." —이태준

글쓰기는 마음을
가꾸는 일이다

우리는 거짓말을 한 정치인이나 부정한 방법으로 돈을 번 사업가는 쉽게 용서하면서 문화인들이 조금이라도 비도덕적인 모습을 보이면 실망을 넘어 분노하기까지 한다. 예를 들면 일본제국주의를 찬동한 소설가 이광수나, 전쟁에 참전할 것을 권유한 내용을 담은 시 〈오장 마쓰이 송가〉를 쓴 서정주에게 분노하는 것이다. 그 이유는 앞서 이야기한 대로 글쓰기는 그 사람의 됨됨이를 나타내는 것이라 글이 훌륭하다 할지라도 인격이라는 믿음을 져 버렸기 때문이다. 나치를 도운 철학자 하이데거에게 수많은 사람이 실망한 것도 같은 이유 때문이다.

글은 훌륭하게 쓰면서 민족을 버리거나 부도덕한 모습을 보이기는 힘들다. 만약 그런 글을 쓴 사람이 도덕적으로 문제가 있는 행동을 했다면 그 사람의 글에서 우리가 진정성을 느끼기 어려울 것이다.

따라서 글을 쓸 때 가장 중요한 것은 수사·문체·지식·플롯·일관성 같은 것보다 양심이 가장 중요하다. 그렇기에 삶과 글이 모두 훌륭한 사람을 가리켜 대문호라고 말한다. 우리가 대문호가 될 필요는 없다. 다만 우리가 양심을 바탕으로 글을 가꾸고 좋은 생각을 키운다면 우리의 앞날은 밝을 것이다. 유행하는 단어와 은어·비속어·어투를 무조건 배척할 필요는 없다. 그러나 말과 글을 적극적으로 가꾸고 새로운 감각을 열린 마음으로 받아들이는 자세를 가져야 한다.

공자는 이러한 상황을 《논어》의 〈자한〉 편에서 북에 비유해 이렇게 설명했다.

> "내가 아는 것이 있는가? 나는 아는 것이 없다.
> 그러나 그 어떤 사람이라도 나에게 무언가 묻는다면,
> 그가 아무리 무식하다 할지라도
> 나는 그 양쪽을 모두 두드려서 끝까지 다해 줄 것이니라."

이 말은 어떤 사람이 다가와서 묻는 이야기가 앞뒤가 맞지 않고 물어볼 필요가 없는 것이라 할지라도, 끝까지 설명해 주겠다는 의지를 가지고 북의 양쪽 면을 모두 두드려 보겠다는 말이다. 공자가 말하는 '아는 것(知)'이란 어떤 사실을 판단하는 기준이나 잣대를 뜻하는 것이다. 공자는 그런 것을 가지고 있지 않다며 북을 예로 들어 설명했다. 좋은 북소리에 기준은 없다. 우선 한쪽 면을 두드리고 또 다른 한 면을 두드려 보고 그중에서 소리가 좋은 면이 있을 것이니 거기에 다른 면을 맞추어 가면 둘이 완벽하게 어울리는 순간을 찾을 것이라는 말이다. 좋은 북소리란 지적인 판단이나 절대적 기준으로 만드는 것이 아니다. 정서적 차원으로 예술적 느낌이다. 우리가 살아가는 모든 순간이 다 마찬가지이다. 친구를 만나고 선생님과 이야기하고 부모님과 지내는 모든 순간은 느낌을 조율하는 데서 행복해지기도 하고 불행해지기도 한다.

글쓰기도 마찬가지이다. 가꿈과 새로운 유행의 흐름 사이에서 좋은

것을 얻으려고 노력하면 된다. 과거로부터 이어 오는 글쓰기 방법을 배우고, 대가의 작품을 찾아 읽고 나의 심신과 마음을 가꾸고, 각종 매체와 미디어를 통해 온갖 느낌을 살피고 고민하는 것이 바로 좋은 소리를 찾겠다는 의지이다. 가꾸고 받아들이다 보면 좋은 느낌이 드는 지점이 있을 것이다. 그 지점을 찾는 것이 바로 역동적으로 생각하고 창조하는 것이다.

이렇게 해야 하는 이유는 사람은 독립적인 존재가 아니기 때문이다. "나는 나고, 너는 너다."라는 말은 성립될 수 없다. 우리는 서로가 서로의 빛을 비추는 구슬이다. 많은 구슬 중에 하나의 구슬에 때가 끼거나 얼룩이 졌다면 나머지 구슬에도 때나 얼룩이 비칠 것이다. 그런데 하나의 구슬이 영롱하다면 다른 구슬에도 영롱한 빛이 비칠 것이다.

이처럼 역동적이고 아름다운 생각과 창조적인 행위는 구슬의 빛과 같다. 구슬 모두가 영롱한 빛을 발할 때 그 가치는 진정으로 빛날 것이며, 우리는 이 구슬을 보물처럼 바라볼 것이다. 우리가 스스로를 가꾸는 일과 훌륭한 글을 쓰는 것은 사회 전체를 밝게 비추는 것과 같다.

ㆆ

《훈민정음 해례본》이 발견되지 않았다면

〈훈민정음〉이 빛나는 이유는
창제 원리보다 백성의 삶이
윤택해지기를 바랐던 창제 동기에
있다. 이는 오늘날의 어떠한
프로젝트도 따라가지 못할
최고의 프로젝트이다.

역사 속으로
사라질 뻔한 훈민정음

《훈민정음 해례본》을 처음 발견한 김태준은 중국의 대문호 루쉰, 당대 최고의 중국 학자 후스, 일본의 시오노야 아츠시 등과 교류한 국제적 학자이며《조선한문학사》라는 책을 쓴 훌륭한 학자이다.

김태준은 사회주의자로 일제의 감시를 받고 있었다. 그런데《훈민정음 해례본》을 전형필에게 판 이유가 무엇일까? 여기에는 두 가지 추측이 가능하다. 첫째 이 책을 팔아서 독립자금을 마련하려고 했는데 워낙 엄청난 물건이라서 믿을 만한 사람에게 팔아야 했다. 누군가 일부러《훈민정음 해례본》의 존재를 총독부에 신고하면 소유자는 감옥에 가게 되고 신고자는 포상금과 훈장까지 받을 수 있는 정도였다.

그런데 당시 전형필은 인품이 좋기로 소문이 나 있었다. 그래서 김태준이 전형필을 찾아간 것이다. 김태준은《훈민정음 해례본》을 넘기는 대가로 천 원을 요구했다고 한다. 이 돈은 당시에는 기와집 한 채를 살 수 있는 가격이었다. 그런데 전형필은 무려 기와집 11채 가격인 일만천 원을 김태준에게 주었다고 한다. 그 후 김태준은 독립을 위한 무장 투쟁에는 성공했으나 1950년 공산당을 만들려다 사형 당했다. 요주의 인물이었기 때문에 일제의 주요 감시 대상에 올라 있었다.

그런데 전형필 역시 조선의 명사였다. 그는 일본으로 몰래 빠져나가는 문화재를 막기 위해 온갖 노력을 기울이고 있었다. 그리고 이미 일본으로 반출된 문화재는 사재를 털어서라도 되찾아 왔다.

당시 조선의 제7대 총독은 미나미 지로였다. 이 사람이 어느 날 조선의 보물들이 보고 싶다며 지금의 간송미술관이 있는 성북동으로 찾아왔다. 그런데 전형필은 일이 끝나지 않았다며 미나미 총독을 2시간이나 기다리게 했다. 이런 일화가 알려지면서 전형필은 일본인 사회에서도 유명해져 전형필의 모든 행동을 눈여겨보고 있었기에 조심스러웠다. 그렇다 보니 《훈민정음 해례본》이 일제에 발각되는 것은 시간문제였고 자칫하면 한글을 창제한 방법까지 영원히 묻힐 수 있었다. 그래서 전형필은 1940년도부터는 아예 《훈민정음 해례본》을 품에 넣고 다녔다. 잘 때는 베개 속에 넣을 정도였다. 전형필은 그렇게 지킨 《훈민정음 해례본》을 해방 후 1946년에 한글학회에 공개했다.

백성을 위한 프로젝트, 《훈민정음》

《훈민정음 해례본》을 보고 국어학자들은 물론 역사가들까지 모두 놀랐다고 한다. 내용은 물론 서체의 뛰어난 아름다움 때문이기도 했다. 우선 한글 자음이 우리 인체의 발성 기관을 모방해 만든 것이라는 사실을 알게 되었다. 자음을 발음해 보니 정말로 혀나 입 모양이 글자를 닮은 것이었다. 이는 기적 같은 일이었다.

알파벳을 예로 들어 보면 'A' 자는 소를 앞에서 본 모양이라고 한다. 'B' 자는 텐트를 본떠서 만들었다고 한다. 이 글자를 옆으로 세우면 텐트 모양이라는 것을 짐작할 수 있다. 'C' 자는 말 위의 안장을 본떠 옆으로 세운 것이라고 한다. 소리와 어떠한 연관도 없다. 다만 유럽 사람들이 아주 오래전에는 목축을 했다는 짐작만 가능하다. 일본어, 중국어, 몽골 어도 마찬가지다. 소리와 연관된 표기가 아니다.

둘째, 모음은 천지인의 원칙으로 제작되었다. 인간의 가장 기본적인 소리는 '아'라는 발음이다. 원시 인류도 '아' 소리부터 외치면서 각각의 섬세한 발음으로 발전되었다. 목구멍 가장 깊은 곳에서 나는 소리가 '아'이기 때문이다. 우주도 하늘부터 태어났다. 하늘은 둥글다. 그래서 아래아 'ㆍ'를 만들었다. 그 다음 목구멍에서 입 앞쪽으로 조금 나오는 공간에서 나오면 'ㅡ' 소리가 나온다. 이는 땅의 지평선을 상징한다. 하늘 다음에 땅이 생긴 것이다. 그리고 입의 가장 앞쪽 앞니 즈음에서 'ㅣ' 소리가 난다. 이는 땅 다음에 탄생한 인간과 동식물을 뜻한다. 이렇게 천지인의 소리를 조합하면 모든 모음 소리를 닮을 수 있다.

한글 모음은 선조의 철학을 담았을 뿐만 아니라 모양도 닮았다. 《훈민정음 해례본》에는 이 원칙이 자세히 실려 있고 사물들을 예로 들어 자세히 설명했다. 그리고 이 책의 서체는 세종 대왕의 둘째 아들

안평 대군의 서체라고 기록되어 있다. 안평 대군은 당시 최고의 예술가답게 서체에 깊고 그윽한 아름다움을 담았다.

하지만 정말 놀라운 것은 형식의 아름다움이나 창제 원리보다도 백성의 삶이 더 윤택하기를 바랐다는 점이 글자를 창제한 동기였다. 이는 오늘날의 어떤 지식이나 과학 프로젝트도 따라가지 못할 최고의 프로젝트인 것이다. 백성이 글을 몰라야 통치하기 쉽다는 우민 정책이야말로 지배층이 선호하는 전통적인 통치 방법이다. 세종 대왕은 이 전통을 직접 깼다. 백성을 진정 자식처럼 귀하게 생각하니, 자식이 글을 배워서 삶의 원리를 깨치고 삶의 기술을 배운다면 그보다 기쁜 일은 없을 것이라고 생각했다. 그만큼 한글 창제는 인류사에서 다시 없을 프로젝트이다.

만약《훈민정음 해례본》이 없었다면

●

만약 1940년 전형필이 《훈민정음 해례본》을 지키지 못했다면 우리 글자의 자랑스러운 정신과 철학을 지킬 수 있었을까? 글자가 어떠한 원리로 만들어졌는지도 알 수 없었을 것이다.

《훈민정음 해례본》을 발견한 당시는 매우 혼란한 시기였다. 일본은 중국과의 전쟁이 오랜 시간 계속되자 전쟁 물자가 부족해 어려움을 겪고 있는 상황에서도 인도네시아·인도차이나 반도까지 침략하고 있었다. 이때 일본이 본토 못지않게 중요하게 여긴 곳이 조선이었다.

조선은 전쟁터에서 필요한 자원과 군인들을 손쉽게 실어 나를 수 있는 곳이었다. 일본은 전쟁 물자를 조달하는 데 필요한 건설 및 건조, 토목 기술자들까지 조선에서 끌고 갔다. 또 태평양 지역까지 침략하고 난 뒤에는 조선을 아예 일본화시키고 싶어 했다.

일본과 가장 가까운 거리에 있는 조선에서 자신들의 정책을 순순히 따라 주길 바랐다. 그러려면 조선의 정신이 철저히 일본화되어야 했다. 이를 위해서는 조선의 언어를 말살하는 게 가장 먼저 해야 할 일이었다. 그렇게 한글말살정책이 시행되어 한글로 글을 쓰거나 우리말

을 하면 온갖 불이익을 당했다. 학교에서도 우리말로 말하는 것을 감시하고 통제했다. 우리말로 말하는 것을 부끄럽게 여기게 만들고 한글을 깎아내리기 위해 온갖 거짓 정보를 퍼뜨렸다.

일본은 그 예로 한글이 몽골 민족의 문자인 파스파 문자를 따라 만들었다고 주장했다. 그런가 하면 조선 후기의 실학자 이덕무의 책 《청정관전서》의 내용을 바탕으로 세종 대왕이 화장실에서 용변을 보다가 창살 너머로 들어온 빛과 그림자 모양에서 아이디어를 얻었다는 말을 꾸며 내기도 했다. 그러니 《훈민정음 해례본》이 발견되지 않았다면 한글의 진면목과 창제 원리 및 철학적 사상은 영원히 묻혀 일본이 깎아내린 대로 잘못 이해하고 있을 수도 있다. 그리고 진짜 중요한 것은, 일제로부터 36년 동안 지배당한 우리 민족의 언어가 일본어에 오염되었던 터라, 《훈민정음 해례본》이 발견되지 않았다면 해방 후 우리 글에 담긴 정신을 되찾기까지 정말 많은 시간이 걸렸을 것이다.

《훈민정음 해례본》에 담긴 정신

●

우리가 우리글에 대한 자신감을 빠르게 회복할 수 있었던 이유는 우리 글자의 뿌리인 《훈민정음 해례본》이 온전히 보존된 채로 발견되었기 때문이다. 그래서 한국 전쟁을 거친 뒤 미국의 영향을 그토록 많이

(훈민정음)

받고도 영어식 표현이나 외래어 사용을 자제하면서 외국어를 번역했고 그 덕분에 서구 사상과 문화를 비교적 적절하게 받아들였다.

우리 민족이 한 뿌리이고 같은 유전자에서 시작했다는 사실은 그다지 중요하지 않다. 우리의 언어, 즉 우리말과 우리글로 생각하고 생활하는 것, 그래서 우리의 생각을 풍부하고 창조적으로 발전시키는 사람들이라면 모두 우리 민족이 될 수 있다.

우리나라가 아름다운 삶의 공동체를 이룰 때 비로소 우리는 아름다운 언어를 가질 수 있다. 거꾸로 아름답고 수준 높은 언어를 사용하면 아름다운 공동체를 만드는 바탕이 된다. 이 둘은 하나의 동전에 나타난 두 가지 모습이다. 그러나 결국 본질은 하나이다. 그래서 우리는 《훈민정음 해례본》의 창제 정신을 되새겨 서로를 돕고 감싸야 한다. 사회 구성원 모두 잘 되기를 바라는 마음이 바로 《훈민정음 해례본》의 정신이고, 이 정신을 잘 지키고 가꾼다면 우리나라가 앞으로 어떠한 어려움에 처하더라도 살아갈 수 있을 만한 곳이 될 것이다.

그래서 《훈민정음 해례본》은 역사의 찬란함을 증명하는 증거이자 미래를 여는 열쇠이다. 결국 세종 대왕이 《훈민정음》을 창제한 까닭도 당시 백성은 물론 후손들에게도 좋은 삶을 사는 지혜와 용기를 주고 싶어서였을 테니까.

ㅎ

간송
전형필을
만나다

·
·
·
·

우리 문화와 역사를 지켜야
우리의 정신을 지킬 수 있다.
그리고 우리 것을 소중히
인식한 다음 세계 문화를
누려야 한다.

우리 민족의 정신을 지킨
전형필

　세종 대왕에 이어 우리 한글의 위대함을 알게 해 준 사람이 또 있다. 바로 간송 전형필이다. 전형필은 굉장한 부자였다. 얼마든지 부를 누리며 편안하게 살 수 있었는데 우리나라 문화재를 지키는 데 전 재산을 쏟아 부었다. 문화재를 지키는 일이 곧 우리 문화와 역사를 지키는 일이고 이 일은 우리의 정신을 지키는 일이라 굳게 믿었다. 그럼, 가상 인터뷰를 통해 전형필이 우리 문화를 지키기 위해 기울인 노력과 우리 문화의 소중함을 알아보자.

안녕하세요. 선생님과 정말 만나고 싶었습니다. 선생님은 일제로부터 우리 문화유산을 지킨 수호신으로 알려져 있습니다. 선대로부터 물려받은 전 재산을 우리 문화가 해외로 반출되는 것을 막는 데 쓰셨어요. 이런 일을 하게 된 계기가 따로 있었는지 궁금합니다.

저는 1906년에 태어났습니다. 저희 집안은 대대로 손이 귀했어요. 특히 남자는 드물게 태어나곤 했습니다. 그런데 저희 작은 집에 아들이 없어서 우리 집 막내 아들인 제가 작은집으로 입양되었습니다. 어떻게 보면 아버지가 둘인 셈이었죠.

그런 사연이 있으셨군요.

전형필

네. 실제로 두 분을 모두 친부모처럼 모셨고 그 분들 역시 저를 친아들로 진심으로 아껴 주었어요. 저는 형님과 누나들의 사랑을 듬뿍 받았습니다. 조부모님은 제게 한학을 가르쳐 주었고 형은 신식 학문의 즐거움을 알게 해 주었습니다. 그렇게 책을 읽고 그림을 그리면서 행복한 나날을 보냈습니다.

그러던 어느 날 우리 집안에 큰 일이 있었습니다. 1915년 제가 열 살 때 할아버지께서 돌아가셨습니다. 이듬 해에는 작은 할머니께서 돌아가셨고요. 그리고 같은 해에 작은 할아버지까지 세상을 떠나셨습니다. 그리고 그 다음 해인 1918년에는 할머니께서 돌아가셨어요. 1919년은 3·1 운동이 일어난 해입니다. 이때 저의 양아버지인 작은 아버님도 돌아가셨어요. 그런 데다 친형마저 같은 해에 돌아가셨지요. 저는 사랑하는 가족을 모두 잃은 셈이었습니다.

긴 시간 외로이 상을 치르며 죽음에 대한 물음으로 가득한 밤을 보냈습니다. 그런데 《논어》를 읽는데 이런 문장이 눈에 들어왔습니다.

"삶도 다 모르거늘, 어찌 죽음에 대해서 말하느냐?"

그 문장을 읽고 돌아가신 분들께 부끄럽지 않게 의미 있는 삶을 살아야겠다는 생각을 했습니다.

사회자 십 대 때 그러한 일을 겪고 많이 외로웠을 텐데 어떻게 극복하셨나요?

전형필 가족들의 죽음을 겪었는데 민족의 위기까지 닥쳐 정말 힘들었습니다. 혹시 염상섭의 《만세전》을 읽어 본 적이 있나요? 1922년에 발표된 소설로 제가 16살 때의 일입니

와세다 대학에 다니고 있을 때의 전형필

다. '무덤이다! 구더기가 끓는 무덤이다! 공동묘지다! 공동묘지 속에서 살면서 죽어서 공동묘지에 갈까 봐 애가 말라 하는 갸륵한 백성이다!'는 문장이 정말 유명하지요. 이 소설의 원제는 〈묘지〉입니다. 일본의 지배를 받고 있는 조선을 묘지로 본 것입니다. 저는 이 말에 정말 공감했습니다. 민족의 정신이 오간 데 없으니 몸뚱이만 살아 있는 것이나 마찬가지였어요. 이때의 저는 의미 있는 삶을 찾아보자는 의지가 간절했습니다.

사회자 그런데 선생님께서는 휘문고보의 야구 4번 타자로 활약하신 걸로도 알려져 있습니다.

전형필 한학에서 '체(體)'라는 것이 있고, '용(用)'이라는 것이 있어요. '체(體)'는 사람이 살아갈 수 있는 근본적인 이념과 자긍

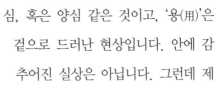

심, 혹은 양심 같은 것이고, '용(用)'은 겉으로 드러난 현상입니다. 안에 감추어진 실상은 아닙니다. 그런데 제가 휘문고보에 다닐 때 명문 오사카 중학교와 경기하고 승리한 적이 있어요. 그 대회가 지금의 고시엔 대회의 원형입니다. 이때 '체(體)'가 편하지 않아 동서양 사상가들의 목소리에 귀를 기울였습니다.

낮에는 운동도 하고 학교 공부도 했지만, 밤에는 주로 서구에서 유행하던 문학과 철학을 읽어 보았습니다. 당시 중국의 유명한 사상가 루쉰, 양치차오, 왕궈웨이의 글도 이때 읽었습니다. 그들은 서구 열강으로부터 민족의 혼을 어떻게 해야 지킬 수 있을까를 늘 고민했습니다. 서세동점이니 동세서점이니 하는 어려운 말들이 이때 나왔지요. 그래서 저도 서구와 일본에 대해 철저히 파헤쳐야겠다고 생각했습니다. 한학을 지키는 동시에 신학문을 익히고 돌아오면 길이 열릴 것이라고 생각하고 와세다 대학교 법학과에 입학했습니다.

사회자

도쿄에 대한 인상은 어떠셨나요?

전형필

새로운 문명, 과학 기술, 신학문, 신식 서구 사상 같은 것은 몹시 부러웠습니다. 그렇지 않고서야 어찌 일본까지 유학을 갔겠습니까? 그런데 막상 가서 생활하면서는 보이지 않는 차별을 당했습니다. 조선인들에 대한 경멸, 조롱하는 말들, 차별, 선입견 등은 참을 만했습니다. 그런데 조선이 그동안 쌓아 온 문명 자체를 조소하는 것은 참기 힘들었습니다. 조선의 통치 이념은 인(仁)을 실현하는 것이었습니다. 인(仁)은 사람(人)이며 바로 우리 민족(夷)입니다. 인·인·이(仁·人·夷)가 하나라는 사실은 중국 책 《설문해자》와 일본 책 《대한화사전》에도 분명히 실려 있습니다.

인을 실현한 민족의 문명을 자신들이 서구의 과학 기술을 조금 먼저 받아들였다는 이유로 무시하는 게 정말 분했습니다. 우리 민족이 기술

저 조선놈은 어째서 여기에 온거야?

력은 떨어질지라도 인을 실현한 민족이라는 사실을 가슴에 품고 고국에 돌아왔습니다.

그런데 그토록 절실했던 제게 한 일본 학생이 물었습니다. 아마 그 때가 간다 거리의 고서점가에서 장서를 정리할 목록표(파일)를 구입하려고 고르고 있던 중이었을 겁니다. "그 장서 목록표는 사 가서 무엇을 하려고 하는가? 조선에는 장서가 단 한 권도 없을 텐데 말이지." 하고는 배를 잡고 웃더군요. 지금도 그때의 치욕을 잊을 수가 없어요. 그리고 여름방학 때 경성으로 돌아왔습니다.

사회자

돌아와서 가장 먼저 한 일이 무엇이었나요?

전형필

고등학교 때 선생님인 고희동 선생을 만났습니다. 선생님은 우리나라 최초의 서양화가로 알려져 있지만, 독립운동가이자 사상가입니다. 선생님께 나의 마음을 털어놓았더니 오세창 선생을 소개해 주었습니다.

오세창 선생은 독립운동가 33인 중 한 분입니다. 만나서 인사만 주고받았을 뿐인데 저는 그 분에게 압도되었습니다. 나 같은 늙은이를 애송이가 왜 찾아왔느냐는 눈빛이었습니다. 저는 그분을 여러 번 찾아 뵈었고 곧이곧대로 말했습니다. "의미 있는 삶을 살아보고 싶습니다." 그 말에 오세창 선생은 이렇게 답했지요. "미래를 살기 위해서 현재를 거치지 않으면 안 되겠지. 현재를 살기 위해서 과거를 거치지 않으면 안 되겠지. 내가 무슨 말을 하는지 알겠나? 역사를 지키는 것은 미래

를 여는 가장 훌륭한 행동이라
네. 그렇다면 왜인들이 우리 역
사를 무엇 때문에 왜곡하려고
하고 우리 민족을 자기들의 손
아귀에 넣으려 하는지도 알겠
는가? 집에 가서 곰곰이 생각
해 보고 오게나." 하고요.

오세창과 전형필

그 말이 무슨 뜻인지 바로 아셨나요?

그때는 몰랐지요. 그래서 오세창 선생의 인생에 대해 깊이
생각해 보았습니다. 그분의 아버지는 역관 오경석이었습니
다. 역관을 하며 연경에 드나들면서 부를 쌓았고 추사 김정희의 제자
였습니다. 금석학이라는 청나라 학문뿐만 아니라, 유·불·선 3가지 학
문을 하나로 완벽히 이해한 천재였지요. 그 위로는 박제가·유득공·연
암 박지원·홍대용·이덕무 등의 사상의 맥이 있습니다. 정조가 자신의
평소 소신을 이들을 통해 실현한 것입니다. 이런 생각을 하고 나니 오
세창 선생의 뜻을 알 것 같았습니다. 우리 역사의 증거란 바로 '우리의
문화재'를 뜻하는 것이었지요. 저는 바로 오세창 선생에게 달려가 이
렇게 말했습니다.

"우리 문화재가 역사의 증거라는 뜻이 맞습니까? 우리의 찬란했던
증거들을 지켜서 후대에 남기고 싶습니다."

그때 오세창 선생은 정말 놀라며 《논어》의 〈자한〉에 나오는 '추위가 닥친 후에야 소나무와 잣나무의 낙엽이 지는 것이 더딘 것을 안다.'는 문장을 들려주었습니다. 태평성대에는 군자와 소인의 구분이 어렵지만 난세에는 군자와 소인이 쉽게 구분된다는 뜻입니다. 그리고 저에게 '간송'이라는 호를 주었습니다. '소나무 사이로 눈 녹은 물이 녹아 모여 개울로 흐른다'는 뜻입니다.

사회자 그때부터 서책이나 그림·조각·공예와 같은 문화재를 사 모은 것이군요?

간송필 돈이 되거나 보기에 좋다는 이유로 모으지는 않았습니다. 오세창 선생과 공부하면서 우리 미술 문화 역사에 반드시 필요하다고 판단되는 문화재를 골라 모았습니다. 삼국 시대의 불상인 〈계미명금동삼존불입상〉부터 1940년대 작품까지 어느 시대도 빠트리지 않고 모았다고 자신합니다. 그러니까 천 년의 시간을 아우르며 문화재를 모은 것입니다.

사회자 그렇다면 선생님께서 생각하시기에 그동안 모은 문화재 중 가장 가치 있게 여기는 건 무엇인가요?

간송필 두말할 것도 없이 《훈민정음 해례본》을 지킨 일입니다. 처음 오세창 선생을 만났을 때 제게 시험을 하나 내더군요.

"문화재는 역사의 증거다. 그것을 모아라. 무엇이라도 좋으니 하나라도 수집해서 내게 들고 오게."

저는 고민 끝에 겸재 정선의 산수화를 한남서림이라는 고서화를 파는 곳에서 구입해 가져갔습니다. 오세창 선생은 크게 만족하며 정선의 산수화를 구입한 이유를 물었습니다. 저는 "겸재 정선 이후로 우리 미술에 독자적인 색깔이 생긴 것 같습니다."라고 대답했습니다. 그 말을 듣고 선생은 깜짝 놀라더니 이제 본격적으로 학문을 시작해 보자고 했어요.

드디어 오세창 선생께 선생님의 마음을 인정받은 거네요.

네. 그 이후 저는 경성구락부라는 경매 회사를 자주 드나들었어요. 그러면서 도굴꾼들이 파헤친 문화재가 일본으로 밀반출되는 것을 막기 위해 애썼습니다. 심지어 일본에 이미 팔려간 문화재를 구입하기 위해 당시에 비행기까지 동원했습니다. 학들이 구름 위를 가르며 날아가는 〈고려청자상감운학문매병〉이나 단옷날 여성들이 목욕하는 모습을 담은 혜원 신윤복의 〈단오풍정〉 같은 미술품이 다 그때 수집한 것입니다.

모두 정말 유명한 작품들이죠. 선생님이 아니었다면 지금은 볼 수 없었을지도 모릅니다.

전형필

맞아요, 그리고 제게 가장 중요한 해는 아마 1940년일 것입니다. 역사적인 일이 있었지요. 하나는 《훈민정음 해례본》을 구입한 일과 같은 해 막내아들인 영우를 얻은 일입니다. 영우는 나중에 간송미술관 관장을 하면서 유물과 문화재 연구에 일생을 바쳤지요.

그런데 그즈음에 국문학자 김태준의 제자에게서 연락이 왔습니다. 《훈민정음 해례본》으로 보이는 서책이 경상도 안동에서 발견되었다는 것입니다. 그 말을 듣고 어찌나 가슴이 뛰던지 지금도 잊을 수가 없습니다. 언해본, 즉 쉽게 풀이한 18세기 《훈민정음》은 많이 있습니다. 그러나 세종 대왕 당시의 기록이 살아 있는 해례본은 아직 발견되지 않아서 많은 학자가 궁금해 하고 있었어요. 《세종실록》에 분명히 해례본에 대한 기록이 실려 있기에 저는 해례본이 이 땅 어딘가에 반드시 있을 거라고 믿었습니다. 당시 해례본이 발견된 것은 그 의미가 아주 대단했습니다.

이때는 일본의 전장이 태평양으로 확장되어 비극으

《세종장헌대왕실록》에 실린 〈훈민정음〉 창제 내용
계해(癸亥)년 겨울(冬)에 우리 전하(殿下)께서 바른 소리(正音) 스물여덟(二十八) 자를 처음 만들어 용례와 뜻(例義)을 간략하게 들어 보이고 명칭을 훈민정음(訓民正音)이라 하였다.

로 치닫던 시기였습니다. 조선의 물자와 인적 자원이 군사 물자와 병력이라는 명목으로 태평양 전선으로 빠져 나갔습니다. 엄청난 희생이 있었고 내부의 반발도 대단했습니다. 이때 일제가 선택한 방법은 아주 뻔했습니다. 병력이 조선에서 일제의 병력이 빠져나가면 당연히 독립 운동 전쟁이 일어날 것을 염려했습니다. 그래서 감시는 더욱 심해졌고 처벌 또한 무시무시했습니다. 일제는 조선인들이 서로를 믿지 못하게 만들었습니다. 그 방법으로 조선인 열등론이나 비하 정책 등을 만들었습니다. 그중 하나가 한글 말살 정책이었습니다. 한글 자모가 화장실 창살에 비춘 모양을 보고 만들었다는 둥, 몽골의 파스파 문자를 완벽히 모방했다는 둥의 이야기가 다 그때 일제가 만들어 낸 이야기입니다.

언어가 말살되면 정신이 송두리째 흔들립니다. 한민족의 정신이 사라지면 영원히 지배 받게 됩니다. 한국어로 말하면 각종 불이익을 당했습니다. 몸과 마음이 힘들다 못해 처참하다는 표현을 할 수밖에 없었습니다. 이때 김태준 선생과의 만남이 이루어졌습니다. 김태준 선생은 사회주의자로서 일제의 표적 감시를 받던 요주의 인물이었습니다. 저도 나름 조선에서는 이름이 알려져 있어서 일제가 저를 눈여겨보고 있었지요. 우리 둘이 만난다는 것 자체가 어떻게 보면 모험이었습니다. 그러나 저는 《훈민정음 해례본》이 있으면 어떠한 위험도 감수하겠다고 결심했습니다. 언젠가 우리나라가 독립될 것이라는 믿음도 있었습니다. 그래서 지금은 한글이 탄압 받고 설령 일제에 의해 우리말이 아예 망가진다고 해도 《훈민정음 해례본》이 있으면 우리말을 되살릴 수 있는 근거가 될 거라고 생각했습니다.

1938년부터 저는 2년을 기다린 끝에 가까스로 《훈민정음 해례본》을 만났습니다. 안평 대군의 서체가 분명했습니다. 그 당시 조선 최고의 명필은 세종 대왕의 셋째 아들인 안평 대군 말고는 없었지요. 벅찬 나머지 울음이 나왔습니다. 김태준의 제자는 책거간과 함께 와서 기와집 한 채 값을 달라고 했습니다. 저는 그것은 심부름으로 치고 기와집 11채 값을 주었습니다.

사회자

이 밖에도 한글학회에 공개한 일이나 한국 전쟁 중 품에 안고 다닌 이야기도 유명합니다.

전형필

저는 해방이 되고 한글학회에 《훈민정음 해례본》을 복사해서 전달했습니다. 그 이후로 우리나라의 자랑스러운 한글 창제 이유와 목적, 사용법을 알 수 있게 되었지요. 그것이 인체 발음 기관을 재현한 동시에 인체의 작동 원리가 그대로 발음에 적용되는 놀라운 발상이라는 것을 알게 되었습니다. 그것은 인간의 문자가 누릴 수 있는 사치 이상이었습니다. 그리고 모음의 경우는 《주역》의 원리에 입각했다는 사실도 알게 되었지요. 우주가 돌아가는 원리를 글자에 반영했다니 정말 놀라웠습니다.

그런데 문제는 한국 전쟁이 일어나 우리 문화재가 또 다시 국내에서 여기저기로 흩어졌다는 것입니다. 피난 때 미처 부산으로 대피시키지 못했던 작품들이 길거리에서 팔리고 있었어요. 우리 집에 도둑이 든 것이지요. 저는 제가 모은 작품을 다시 제 돈을 주고 사야 했습니다. 그 난리 속에서도 《훈민정음 해례본》을 지킨 일은 정말 잘한 일이었습니다. 대구를 거쳐 부산에 가고 부산에서 다시에 올라올 때까지 계속 품에 안고 다녔습니다. 잘 때도 밥을 먹을 때도 늘 품에 넣고 다녔습니다. 화장실에 갈 때도요.

사회자 선생님의 그런 간절함 덕분에 우리가 한글의 원형을 볼 수 있는 셈이네요. 정말 감사합니다. 마지막으로 우리 후세대에게 해 줄 말씀이 있으신지요.

전형필 제가 와세다 대학에 다닐 때 유명한 서양 학자가 있었어요. '허버트 스펜서'라는 사람이지요. 이 사람은 다윈의 진화론

간송미술관

을 인간의 사회와 문화에 적용시킨 인물입니다. 이 이론의 핵심은 적
자생존의 원리로 사회와 문화에도 강자나 우수한 종자만이 살아남는
다는 논리였지요. 강한 것이 약하고 열등한 것을 이기고 극복한다는
무서운 논리입니다.

일본에서 이 이론을 자기네 식으로 각색했습니다. 도쿄제국대학(도쿄
대학교) 총장 가토 히로유키라는 사람이 한 일이었어요. 이 사람은《물
경론》이라는 제목으로 허버트 스펜서의 책을 번역해서 출판했고 큰 관
심을 받았어요. 말 그대로 모든 것은 경쟁하게 되어 있고 이겨야 한다
는 논리입니다. 이 엉터리 논리로 일본의 문화가 조선의 문화보다 우
월하기 때문에 조선이 식민 통치를 받는 게 당연하다고 주장했습니다.

그러나 문화는 어떤 것이 우위에 있는 게 아닙니다. 세계의 모든 문
화 현상은 저마다 소중한 인간의 경험이 담겨 있습니다. 사람의 발자
취를 들여다보고 의미를 되새기는 일이 바로 문화입니다. 일본의 편협

하고 조악한 시각으로는 세계를 보편적으로 바라볼 수 없습니다. 문화는 평화를 만드는 방법입니다. 우리 것을 소중히 인식한 다음 세계를 열린 마음으로 바라보는 게 성숙한 문화인의 자세라는 것을 말해 주고 싶습니다. 우리 후세대가 세계 문화를 애정을 담아 보고 서로 함께 누리는 문화론을 만들기 바랍니다. 그리고 반드시 그렇게 될 거라고 믿습니다.

사회자 저도 꼭 그렇게 될 것이라 믿습니다. 선생님께서도 그 점에 대해서 너무 염려하지 마십시오. 저희도 앞으로 우리 문화를 지키는데 애쓰겠습니다. 정말 감사합니다.

스물여덟 자로 만든 세상
훈민정음 해례본 이야기

1판 1쇄 발행 | 2016. 10. 17.
1판 5쇄 발행 | 2024. 8. 1.

글 이진명

발행처 김영사 | **발행인** 박강휘
편집 문자영 | **디자인** 윤소라
등록번호 제 406-2003-036호 | **등록일자** 1979. 5. 17.
주소 경기도 파주시 문발로 197(우10881)
전화 마케팅부 031-955-3100 | 편집부 031-955-3113~20 | 팩스 031-955-3111

© 2016 이진명
저자와 출판사의 허락없이 내용의 일부를 인용하거나 발췌하는 것을 금합니다.

값은 표지에 있습니다.
ISBN 978-89-349-7615-8 43700

좋은 독자가 좋은 책을 만듭니다. 김영사는 독자 여러분의 의견에 항상 귀 기울이고 있습니다.
독자의견전화 031-955-3100 | 전자우편 book@gimmyoung.com | 홈페이지 www.gimmyoungjr.com
어린이들의 책놀이터 cafe.naver.com/gimmyoungjr | 드림365 cafe.naver.com/dreem365

*이 책은 간송미술문화재단의 지원을 받아 발간했습니다.

이 도서의 국립중앙도서관 출판시도서목록(CIP)은 서지정보유통지원시스템
홈페이지(http://seoji.nl.go.kr)와 국가자료공동목록시스템(http://www.nl.go.kr/kolisnet)에서
이용하실 수 있습니다. (CIP제어번호 : CIP2016023377)

|어린이제품 안전특별법에 의한 표시사항| 제품명 도서 제조년월일 2024년 8월 1일
제조사명 김영사 주소 10881 경기도 파주시 문발로 197 전화번호 031-955-3100 제조국명 대한민국
사용 연령 13세 이상 ⚠주의 책 모서리에 찍히거나 책장에 베이지 않게 조심하세요.